专利代理人执业培训系列教程
ZHUANLI DAILIREN ZHIYE PEIXUN XILIE JIAOCHENG

专利代理事务及流程

ZHUANLI DAILI SHIWU JI LIUCHENG

中华全国专利代理人协会　中国知识产权培训中心／组织编写

蹇　炜／主编

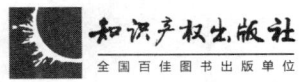

图书在版编目（CIP）数据

专利代理事务及流程/塞炜主编. —北京：知识产权出版社，2013.3（2019.3重印）
ISBN 978-7-5130-1866-1

Ⅰ.①专… Ⅱ.①塞… Ⅲ.①专利—代理（法律）—中国 Ⅳ.①D923.42

中国版本图书馆CIP数据核字（2013）第017512号

内容提要

本书由国内知名知识产权代理机构的资深代理人组成团队共同创作完成，并经权威专家审定，内容涵盖国内/国外申请人提交中国专利申请、PCT国际申请、向外国及中国台港澳地区申请专利、外观设计申请以及专利行政复议和专利行政处理等代理事务及流程详解。此书可作为专利代理人的培训教材，也可作为高等院校、科研院所或企业从事专利管理工作人员的参考读物。

读者对象：专利代理人、高校或科研院所或企业专利管理人员及普通大众。

责任编辑：李 琳 倪江云	责任校对：董志英
封面设计：	责任印制：卢运霞

‖专利代理人执业培训系列教程‖

专利代理事务及流程

塞 炜 主编

出版发行：知识产权出版社有限责任公司	网　　址：http://www.ipph.cn
社　　址：北京市海淀区气象路50号院	邮　　编：100081
责编电话：010-82000860 转 8335	责编邮箱：wangyumao@cnipr.com
发行电话：010-82000860 转 8101/8102	发行传真：010-82000893/82005070/82000270
印　　刷：北京嘉恒彩色印刷有限责任公司	经　　销：各大网上书店、新华书店及相关专业书店
开　　本：787mm×1092mm 1/16	印　　张：11.5
版　　次：2013年3月第1版	印　　次：2019年3月第2次印刷
字　　数：234千字	定　　价：32.00元
ISBN 978-7-5130-1866-1	

出版权专有　侵权必究
如有印装质量问题，本社负责调换。

《专利代理人执业培训系列教程》
编委会

主　任：贺　化

副主任：宋建华　马　放　杨　梧　李建蓉

编　委：廖　涛　徐治江　王冬峰　徐　聪
　　　　高　康　葛　树　张茂于　白光清
　　　　毛金生　王宏祥　马　浩　乔德喜
　　　　林柏楠　李　勇　林德纬　任　虹
　　　　徐媛媛

《专利代理事务及流程》

主　　编：寰　炜

编写组成员：（按姓氏笔画排序）
　　　　　　吴静波　张　晶　张文达　陈申军
　　　　　　范　征　康建忠　韩飘扬

审稿人员：（按姓氏笔画排序）
　　　　　　马　涛　何越峰（组长）

序　言

目前，知识产权在推动经济社会发展中的作用和地位越来越凸显，已经成为世界各国竞争的一个焦点。温家宝总理曾经指出："世界未来的竞争，就是知识产权的竞争。"我国正处于转变经济发展方式、调整产业结构的转型期，全社会的研发投入大幅增加，知识产权保护意识不断提升，专利申请数量快速增长，我国知识产权事业正处于重要的战略发展机遇期，要求我们必须直面知识产权工作面临的巨大挑战。

随着国家知识产权战略的实施，企业创新行为更加活跃，创新主体对专利中介服务的需求增加，专利中介服务业务量激增，专利代理行业的市场需求逐年增大。2011年，我国年度专利申请量达到 1 633 347 件，其中委托代理机构代理申请的达到 1 055 247 件，自 1985 年专利代理制度成立以来年度代理量首次突破 100 万件。其中，代理国外申请 128 667 件、国内申请 926 580 件。以上各项数据充分表明，我国专利代理行业的主渠道作用越来越明显，已经成为实践知识产权制度的重要支柱之一。专利代理事业的蓬勃发展也促使了专利代理人队伍的不断壮大，截至 2012 年 10 月 31 日，全国执业专利代理人人数已增至 7 949 人，专利代理机构达到 909 家。作为"第二发明人"，专利代理人的工作是一项法律性、技术性都极强的工作，需要由经过专门培训的高素质人员来完成。目前，我国专利中介服务能力随着专利事业的发展取得了举世瞩目的成绩。

随着国际形势的变化和我国知识产权事业的发展，专利代理能力提升面临前所未有的机遇与挑战。申请量、代理量的不断增大，专利审查工作的严格细致，对专利代理工作提出了更加高效、更加准确、更加专业的工作目标。社会需求的不断扩大，发明人、企业发明的多样化，对专利代理人的能力和水平也提出了更高的要求，迫切要求专利代理人全面提升服务能力。应当说，全面提升专利代理能力是知识产权事业发展的必然要求。专利代理人执业培训，是全面提升专利代理人服务能力的重要途径。《国家知识产权战略纲要》对知识产权中介服务职业培训提出了明确要求："建立知识产权中介服务执业培训制度，加强中介服务职业培训，规范执业资质管理。"《专利代理行业发展规划（2009 年—2015 年）》则对专利代理服务执业培训作出了系统性的安排。

为此，中华全国专利代理人协会在上述国际、国内形势的背景下，深入贯彻落实《国家知识产权战略纲要》和《专利代理行业发展规划（2009 年—2015 年）》的要求，组织编写专利代理人执业培训系列教程，具有历史性的意义。中华全国专利代理人协会精心组织，挑选在业界具有盛名的相关领域专家组成编写工作组，聘请来自国家知识产权局、最高人民法院知识产权审判庭、相关高校的资深专家与专利代理界的资深专家组成统稿及审稿工作组，并专门成立组织协调工作组承担大量的组织、协调工作。可以说，中华全国专利代理人协会对专利代理人执业培训系列教程编写工作的精心组织和有序推进，有力地保障了该系列教程的编写质量。作为专利代理人执业培训教材的垦荒者和实践者，他们为我国知识产权事业作出了重要贡献。

此次编写的专利代理人执业培训系列教程，内容涵盖专利代理职业道德、专利代理事务及流程、专利申请代理实务、专利复审及无效代理实务、专利侵权与诉讼、专利咨询服务等各个方面。这一套系列教程具有如下特点：开创性——编写专利代理人执业培训系列教程尚属首次，具有开创意义；实操性——此次编写的专利代理人执业培训系列教程在内容上注重贴合我国法律实践，对于实际操作具有重要指导意义；全面性——此次编写的专利代理人执业培训系列教程涵盖专利代理人中介服务的方方面面，能够全面提升专利代理人的服务能力；权威性——此次承担专利代理人执业培训系列教程编写任务的同志均是相关领域的专家，具有丰富的实务经验和理论水平。相信通过这样一套集开创、实操、全面、权威为一体的专利代理人执业培训系列教程的编写与出版，能够有效提高专利代理机构的服务质量以及专利代理人的业务能力，推动提高专利代理行业的业务水平。

专利代理能力的提升，是一个永恒的时代话题，一个永远跳跃着的音符。感谢为本套系列教程的组织、编写和出版付出心血的所有工作人员，大家的工作有利于提高全社会知识产权创造、运用、保护和管理能力。我相信，专利代理人执业培训系列教程的出版，对于推动专利代理能力的全面提升具有历史性的意义，必然有利于推动专利代理行业又好又快地发展，有利于服务和保障知识产权事业的发展大局。走过筚路蓝缕的岁月，迎接荆棘遍布的挑战，我相信随着专利代理能力的进一步提升，专利代理界将为我国创新型国家建设和经济发展方式的转变作出更大的贡献！

贺化

2012 年 12 月

前　　言

　　《专利代理事务及流程》分册，是中华全国专利代理人协会的专利代理人执业培训系列教程之一。

　　在设计本分册的内容之初，编写者面临的第一个问题是，本分册是写给谁看的？因为在专利代理机构中，真正在第一线从事专利流程管理工作的流程管理人员往往并不是专利代理人。这本书是写给这些流程管理人员看，还是写给通常并不直接从事专利流程管理工作的专利代理人看？经过编写组与审稿组的讨论交流，确定作为中华全国专利代理人协会的专利代理人执业培训系列教程之一，本分册的目标读者应与其他分册保持一致，主要是已通过了专利代理人资格考试并从业两年以上，具有一定业务经验的专利代理人。

　　编写者面临的第二个问题是，在专利代理人的考前培训教材以及在专利代理人上岗培训教材中，专利代理事务与流程都是必备的内容，并且讲述得都很详尽，本分册的内容应如何取舍以与其他教材相区别？由于已经确定了本分册的目标读者主要是已通过了专利代理人资格考试并从业两年以上，具有一定业务经验的专利代理人，编写者考虑到，作为专利代理人，他们并不真正在第一线从事具体的流程管理工作，但他们需要把握专利申请的整体走向，决定申请的策略及在申请每一个节点应采取的步骤，并由流程管理人员具体执行，因此确定本分册所介绍的专利代理事务及流程的内容，应该是告诉被培训的专利代理人在专利申请的过程中的每一个节点需要考虑什么问题、可能采取什么步骤，而不是执行该步骤的具体细节。另外，在考前培训和上岗培训的教材中，涉及专利代理事务及流程的内容主要是专利代理人在中国国家知识产权局应遵从的规范。考虑到从业两年以上的专利代理人，其所涉及的案件种类已大大丰富，不仅有中国申请人递交的中国专利申请，还有外国申请人递交的中国专利申请、向作为受理局的中国国家知识产权局递交的PCT国际申请、向外国或某些地区专利局递交的向外申请、专利行政复议和专利行政管理案件、专利复审与无效案件、专利诉讼案件等，而这些不同类型的案件在专利代理机构中大都是分类管理的，因此编写者决定按照不同专利案件的类型作为本分册划分章节的线索。这样的体例在已有的专利代理事务及流程教材中尚未曾见。本分册最终划分为：国内申请人提交的中国专利申请；国外申请人提交的中国专利申请；PCT国际申请事务；向外国及中国台湾、香港、澳门地区申请专利；外观设计申请；专利行政复议和专利行政处理六章。其中，外观设计申请中需考虑的与流程相关的问题与其他类型的专利申请有很大的区别，放在一起叙述多有不便，也不便于读者了解外观设计申请的特殊性，因此将国内及国外外观设计申请的内容集结在一起，独立成章。至于专利复审与无效案件、专利诉讼案件，因在本套培训教程中均有专门的分册对其流程及实体进行系统的介绍，本分册中不再就其流程进行介绍。

第1章为国内申请人提交的中国专利申请。该章介绍了从接触国内客户开始到申请被批准或驳回为止，专利代理人在每个节点应该考虑的问题和注意事项，专利复审和无效的流程则未予介绍。该章尽量避免重复《专利审查指南2010》中的内容，以精简篇幅，便于专利代理人专注于其需要把握的问题，而不过分关注操作中的细节问题。

第2章为国外申请人提交的中国申请。在处理由国外申请人提交的中国申请时，专利代理人会碰到一些在处理国内申请人提交的中国申请时不会碰到的问题，比如外国优先权的问题、优先权转让的问题、专利审查高速路（PPH）的问题、翻译原则问题等。如何处理这样的特殊问题，是第2章介绍的内容。与国内申请人提交的中国申请中相同的问题，在第2章中没有重复。

第3章为PCT国际申请事务。由于对于从业两年的专利代理人而言，其所处理过的PCT国际申请较少，对PCT国际申请的程序了解较少，特别是一些不常用到的程序，即使是更有经验的专利代理人也知之甚少，而查阅PCT、PCT实施细则、PCT行政规程、PCT申请人指南等基础文件十分繁复，因此第3章试图相对比较详细地介绍PCT国际申请中的各种程序，希望专利代理人可以通过阅读该章的内容更深入地了解PCT国际申请的程序，或者以该章作为其处理PCT国际申请时的工作手册。

第4章为向外国及中国台湾、香港、澳门地区申请专利。该章除了介绍了向外申请专利的整个流程中每一步专利代理人应考虑的方方面面的问题外，还介绍了美国及欧洲专利制度中的一些特色程序，因为中国申请人向美国及欧洲提交的申请较多，并且美国和欧洲的专利制度是在国际上最有代表性的制度。同时，编写者认为，作为中国的专利代理人，应该对中国台湾、香港、澳门地区的专利制度有所了解，因此对这三个地区的专利制度给予了介绍。对于其他国家，仅通过列表给出了其专利制度最基本的信息，如是否有实用新型专利和外观设计、保护期、是否需要实质审查等。

第5章为外观设计申请。其中，在中国外观设计申请部分，从代理实务的角度出发，总结出在外观设计申请代理过程的一些常见问题和解决方法。在向国外递交外观设计申请的部分，分别以欧盟外观设计制度和美国外观设计制度为例，介绍了外观设计的注册制和实质审查制。对于欧盟和美国之外的其他主要国家，则通过列表给出了其外观设计制度的最基本信息，比如是否进行实质审查、保护期、有无部分外观设计制度、有无合案申请、能否延迟公布等。

第6章为专利行政复议和专利行政处理。专利行政复议和专利行政处理案件整体的数量较少，对于从业两年的专利代理人更是较为陌生。本章较为详细地介绍了专利行政复议案件的具体流程和实务。对于专利行政处理案件，该章重点介绍了程序较复杂并且专利代理人需深度介入的专利侵权纠纷的行政处理实务和海关知识产权保护处理实务。

本分册虽然是作为专利代理人执业培训教程编纂的，但也可以作为专利代理人的工作手册。在专利代理人处理不同类型的案件的任一节点碰到困惑时，拿出本分册来参考一下此时应考虑的问题和可能采取的对策。虽然本分册的主要目标读者是从业两年左右的专利代理人，但也适合于在企业及大学、研究院所等单位从事专利管理工作的人员学习或作为工作手册使用。

本分册的编写组成员均是具有丰富的专利流程管理实践经验的专利代理人，编写组的组长为来自永新专利商标代理有限公司的寒炜先生。本分册的第1章由北京路浩知识产权代理有限公司的张晶女士执笔，第2章由中国国际贸易促进委员会专利商标事务所的康建忠先生执笔，第3章由北京三友知识产权代理有限公司的韩飘扬女士执笔，第4章由永新专利商标代理有限公司的吴静波女士和寒炜先生执笔，第5章由永新专利商标代理有限公司的张文达先生执笔，第6章由上海专利商标代理事务所有限公司的范征先生和陈申军先生执笔。编写组的成员对各章节的内容均进行了多次集体讨论，并相互交叉审阅。

虽然编写组成员付出了很大努力，希望呈现给读者一本准确实用、简洁易读的培训教材，但由于水平所限，书中一定还存在不足甚至错误之处。我们诚恳希望得到专家学者、专利工作者、特别是专利代理人的批评指正。

本分册的审稿组组长为国家知识产权局初审及流程管理部副部长何越峰先生，副组长为北京市柳沈律师事务所马涛女士。何越峰先生及马涛女士多次仔细审阅了本分册的各个章节，提出了许多的指导意见和修改建议。国家知识产权局外观设计审查部王美芳女士对本分册第5章的内容进行了审阅，提出了宝贵的修改意见。他们的指导和帮助大大提高了本分册内容的准确性和行文的严谨性。另外，中华全国专利代理人协会徐媛媛副秘书长全程参与了本分册编写的组织协调工作，并多次参加了编写组的讨论并提出指导意见。在此，编写组对他们为本分册的完成所给予的指导和帮助，表示衷心的感谢。

最后，编写组特别感谢国家知识产权局的指导和帮助；感谢中华全国专利代理人协会秘书处提供的组织协调工作和坚实物质保障；感谢北京路浩知识产权代理有限公司、中国国际贸易促进委员会专利商标事务所、北京三友知识产权代理有限公司、永新专利商标代理有限公司、上海专利商标代理事务所有限公司所给予的大力支持；感谢其他所有对本分册的编纂工作提供过帮助的同事和朋友。

目 录

序 言 I
前 言 III

第1章 国内申请人提交的中国专利申请 1

第1节 申请阶段事务 1
  1 申请前咨询 1
  2 申请文件的准备和提交 5

第2节 初审阶段事务 7
  1 补 正 7
  2 实用新型和外观设计登记手续的办理 8
  3 发明专利申请的公布 9

第3节 实审阶段事务 9
  1 实审请求的提出 9
  2 进入实审后的主动修改 10
  3 审查意见的处理 10
  4 放弃实用新型专利权书面声明的提交 11
  5 驳回决定的处理 12

第4节 授权及授权后事务 12
  1 发明专利登记手续的办理 12
  2 授权后事务 13

第5节 分案及其他事务 14
  1 分 案 14
  2 著录项目变更和实施许可合同备案 15

第2章 国外申请人提交的中国专利申请 19

第1节 申请前咨询 19
  1 PCT 国际申请进入国家阶段申请类型的选择 19
  2 国内和国外共同完成的发明的保密审查 19

第 2 节 申请文件的准备和提交 ·················· 20
1 提交期限的确定 ·················· 20
2 文件信息的核查以及立卷确认信函 ·················· 20

第 3 节 初 审 阶 段 ·················· 27
1 优先权副本的补正 ·················· 27
2 优先权转让证明的补正 ·················· 28
3 视为未要求优先权的恢复 ·················· 29
4 国际单位错误的改正 ·················· 29

第 4 节 专利审查高速路的相关处理 ·················· 29
1 提交 PPH 申请的条件 ·················· 29
2 文件的准备 ·················· 30

第 5 节 审查意见通知书的转达和答复 ·················· 30
1 审查意见通知书的翻译 ·················· 30
2 中文对比文件 ·················· 31
3 针对审查意见的建议 ·················· 31
4 对《专利法》第 33 条问题的提醒 ·················· 31

第 3 章 PCT 国际申请事务 ·················· 40

第 1 节 PCT 国际申请的实务操作 ·················· 40
1 代理 PCT 国际申请应当满足的条件 ·················· 40
2 PCT 国际申请前的准备工作 ·················· 41
3 PCT 国际申请文件的要求 ·················· 43
4 PCT 国际申请提交后的事务处理 ·················· 45

第 2 节 在 PCT 申请国际阶段应关注的事项 ·················· 50
1 在 PCT 申请国际阶段注意事项 ·················· 50
2 必须收到的 PCT 官方文件 ·················· 53
3 PCT 国际申请的案例与样页 ·················· 54

第 3 节 PCT 相关法规与修改信息 ·················· 85
1 关注 PCT 的发展 ·················· 85
2 注意 PCT 修改的条款的适用情况 ·················· 85
3 及时了解 PCT 的最新动态途径 ·················· 85
4 现有 PCT 的中文版书目 ·················· 86

第 4 章 向外国及中国台湾、香港、澳门地区申请专利 ·················· 87

第1节　向外国申请专利一般代理程序介绍 ······ 87
1　申请前咨询 ······ 87
2　保密审查请求 ······ 89
3　向外国提出专利申请 ······ 91
4　审查过程中的处理 ······ 95
5　专利证书 ······ 96
6　维持费/年费的管理 ······ 97
7　预付款的管理 ······ 98
8　外国专利信息的收集和整理 ······ 98
9　外国实用新型专利 ······ 98

第2节　美国专利申请程序 ······ 104
1　一般申请程序 ······ 104
2　申请费用 ······ 105
3　美国专利制度中的特色程序介绍 ······ 106

第3节　欧洲专利申请程序 ······ 112
1　《欧洲专利公约》的成员国 ······ 112
2　一般申请程序 ······ 112
3　欧洲专利申请官费 ······ 113
4　欧洲专利制度中的特色程序介绍 ······ 114

第4节　中国台湾、香港和澳门地区的专利申请 ······ 117
1　中国台湾地区的专利申请 ······ 117
2　中国香港地区的专利申请 ······ 118
3　中国澳门地区的专利申请 ······ 120

第5章　外观设计申请 ······ 122

第1节　中国外观设计申请 ······ 122
1　申请前咨询 ······ 122
2　外观设计申请文件的准备 ······ 126
3　对官方通知书的答复 ······ 128
4　外观设计电子申请 ······ 131
5　要求国外优先权的外观设计申请 ······ 132

第2节　向国外递交外观设计申请 ······ 134
1　欧盟外观设计申请 ······ 135

2　美国外观设计申请 ··· 139
　　3　世界其他主要国家和地区的外观设计制度概述 ················ 143

第6章　专利行政复议和专利行政处理 ·································· 145
第1节　专利行政复议代理实务 ······································· 145
　　1　接受委托 ··· 145
　　2　提出行政复议请求 ··· 149
　　3　行政复议程序中的代理 ··· 152
　　4　对行政复议决定的处理 ··· 153
第2节　专利行政处理代理实务 ······································· 154
　　1　专利行政处理程序实务简介 ······································ 154
　　2　专利侵权纠纷行政处理实务 ······································ 155
　　3　海关知识产权保护处理实务 ······································ 163

第1章 国内申请人提交的中国专利申请

代理国内申请人提交的中国专利申请是专利代理实务中最常见的业务。本章主要从申请阶段事务、初审阶段事务、实审阶段事务、授权及授权后事务、分案及其他事务等方面，分别介绍了专利代理人在处理此类申请及手续事务时的注意事项。需要说明的是，本章所涉及的五个方面事务的具体规定在《专利审查指南2010》中都有详细阐述，本章中不再赘述。

第1节 申请阶段事务

1 申请前咨询

申请前的咨询是申请人与代理人建立委托关系的重要步骤。代理人与申请人洽谈时，在与申请人沟通技术方案内容之前，应重点从利益冲突的核查、申请类型的确定、申请途径的确定、费用减缓的申请、资助的申请、本国优先权的使用、不丧失新颖性宽限期的使用和同时提出实质审查请求及提前公布的使用等方面考虑。

1.1 利益冲突的核查

利益冲突，是指同一代理机构所代理的客户间存在竞争关系，如果代理机构同时代理这些客户，可能会对其中一方或者多方的利益造成损害。利益冲突涉及法律和商业两个层面，在法律层面上，同一代理机构不得就同一内容的专利事务接受有利害关系的其他委托人的委托；在商业层面上，两个客户的业务在同一技术领域，可能存在竞争关系，如果代理机构已接受了其中一个客户的委托，当再接受另一客户的委托时，需要考虑是否会造成客户的不满。

在确定接受委托之前，代理人应首先核查是否存在法律层面上的利益冲突，在确定不存在法律层面上的利益冲突之后，还应按照客户的要求或者主动核查是否存在商业层面上的利益冲突，并根据核查的结果决定是否接受委托。

对于存在法律层面上的利益冲突的情形，代理机构不得接受新的委托。

对于存在商业层面上的利益冲突的情形，代理机构应如实将情况告知新、老客户。如果新、老客户均不反对，代理机构可以接受新客户的委托，但应指定不同的代理人分别处理不同客户的委托事务。

1.2 申请类型的确定

帮助申请人确定申请类型是代理人的义务。与申请人洽谈时，代理人首先应告知申请人发明专利、实用新型专利和外观设计专利三种类型的保护范围与利弊，如发明专利具有保护时间长和授予的权利相对稳定等优点，但发明专利申请审查周期较长；实用新型专利申请具有审查周期短和申请费用较低的优点，但保护主题受局限且权利稳定性较差；外观设计专利获得授权最快，但其仅能保护产品的外形，不能保护其内部结构。代理人要真正了解申请人申请专利的需求，并根据专利法的相关规定以及申请人提供的发明创造的主题和技术内容提出申请类型的建议。

对于希望尽早取得专利权又希望得到较长保护期限的申请人，代理人可以建议申请人在同日对同样的发明创造提出实用新型专利申请和发明专利申请。一般情况下，实用新型专利申请会较早获得专利授权，这样可以保证申请人尽早获得专利证书，尽量缩短获得专利权的时间，以便申请人办理有关项目交易、宣传推广、资质认证、侵权维权等事宜；实用新型专利权保护期限是 10 年，发明专利权保护期限是 20 年，同时提出实用新型和发明专利申请，如果实用新型专利先获得授权，则申请人取得了 10 年的保护期限，如果发明专利符合授权条件，则申请人可以放弃之前取得的实用新型专利而获得发明专利授权，这样，对同一个发明创造的保护延长至 20 年保护期限。

但需要注意的是，不能通过同日提交 PCT 国际申请（进入中国国家阶段时选择发明）和实用新型专利申请达到上述目的。因为采用此种方式时，PCT 国际申请进入中国国家阶段时无法明示该申请已经提交了一件同样的实用新型申请，也就不能享有选择或者放弃的权利，从而增加了该 PCT 国际申请进入中国后的国家申请因重复授权而被驳回的风险。

1.3 申请途径的确定

在中国有两种申请途径：提交普通国家申请和提交 PCT 国际申请。代理人应了解申请人对于其专利申请保护地域的规划及费用预算情况，还要从技术方案内容考虑，并据此来选定合适的申请途径。

对于仅希望取得国内专利权的申请人，直接提交中国普通国家专利申请即可。对于还有计划取得国外专利权的申请人，可以先提交一件中国普通国家专利申请，在 12 个月内以该申请为优先权基础提出 PCT 国际申请，再分别进入具体的国家，或者通过《巴黎公约》要求优先权直接向具体的国家分别提交专利申请，这样可以为申请人增加一次修改申请文件的机会；也可以直接向国家知识产权局或 WIPO 国际局提出 PCT 国际申请，再分别进入具体的国家，这样可以在一定程度上减轻案件管理的负担。

1.4 费用减缓的申请

根据《专利费用减缓办法》，符合条件的国内申请人可以请求相关费用的减缓。

与申请人洽谈时，代理人应告知申请人有关费用减缓的相关事宜。当申请人希望并符合享受费用减缓的条件时，可以建议申请人根据《专利费用减缓办法》的要求办理相关的证明文件。

1.5 资助的申请

为了激励申请专利和减轻申请人申请专利的负担，国家和各地政府都有一些资助政策。与申请人洽谈时，代理人可以提示申请人，在符合条件的情况下可以争取当地相关的资助或者奖励。

1.6 本国优先权的使用

如果已提交的专利申请中存在某些瑕疵，代理人可以建议申请人利用本国优先权再提交一件新的专利申请，修改申请中存在的瑕疵来更好地体现保护意图。同样，也可以利用本国优先权，对已提交的专利申请做进一步的修改和完善。

如果申请人打算改变原专利申请的类型，代理人可以建议申请人利用本国优先权以改变原专利申请类型。例如，在先申请是一件实用新型专利申请，申请人想改为发明专利申请，就可以在规定的期限内提交一件新的发明专利申请并要求此实用新型的优先权。

因此，与申请人洽谈时，代理人应询问申请人是否有在先申请，并根据在先申请的情况确定是否要求本国优先权再提交一份新的专利申请，以及是否需要进行发明和实用新型专利申请的相互转换。此外，还可以利用本国优先权将若干件在先申请合并为一件在后申请，从而节省相关费用。

代理人在选择使用本国优先权时还应注意，外观设计专利申请是不能要求本国优先权的，已经授权的专利、要求过外国优先权或者本国优先权的申请以及分案申请也不得作为本国优先权的基础。此外，凡要求本国优先权的在先申请会自在后申请提出之日起即视为撤回。

1.7 不丧失新颖性宽限期的适用

有时，在申请专利之前，发明技术方案已被发明人或其他人公开。为此，与申请人洽谈时，代理人还应询问申请人希望保护的发明创造是否已经被公开。如果已经被公开，是否是在中国政府主办或者承认的国际展览会上首次展出、在规定的学术会议或者技术会议上首次发表或者他人未经申请人同意而泄露其内容。如果有上述这些情况之一，代理人应提醒申请人准备相应的证明文件，以利用不丧失新颖性的宽限期避免专利申请因为这些公开而导致不能取得专利权。其中，

（1）国际展览会的证明材料应由展览会主办单位出具，证明材料中要注明展览会展出日期、地点、展览会的名称以及发明创造展出的日期、形式和内容，并加盖公章；

（2）学术会议和技术会议的证明材料应由国务院有关主管部门或者组织会议的全

国性学术团体出具，证明材料中要注明会议召开的日期、地点、会议的名称以及该发明创造发表的日期、形式和内容，并加盖公章；

（3）他人泄露申请内容的证明材料需注明泄露日期、泄露方式、泄露的内容，并由证明人签字或者盖章。

需要注意的是，不丧失新颖性宽限期的时限是申请日前6个月内，代理人在遇到此类情况时，应尽可能快地完成专利申请的提交工作，以保证申请人可以享受宽限期。

1.8 同时提出实质审查请求及要求提前公布

同时提出实质审查请求及提前公布是国内申请人常要求的一种做法，代理人应当结合发明专利申请的技术内容、市场预期和竞争策略等多方面因素，并综合考虑技术成熟度、技术被模仿或解析的难易度及产品和市场策略，与申请人商议是否在提交新专利申请的同时提出实质审查请求及要求提前公布。

同时，代理人应告知申请人，在提交新专利申请的同时提出实质审查请求可以较快进入实质审查程序（以下简称"实审"），但申请人也失去了一次主动修改申请文件的机会。

请求提前公布不需要缴纳任何费用，但代理人应告知申请人早日公开发明专利的利弊。

早日公布发明专利的有利之处是：提前公布符合要求的，在申请初步审查（以下简称"初审"）合格后会立即进入公布准备，而不是等到自申请日起18个月公开，提前进入实审程序。另外，发明专利申请公布后，申请人可以要求实施其发明的单位或者个人支付适当的费用，也就是获得所谓"临时保护"。早日公布申请，申请人可以尽早获得专利法所规定的临时保护。

早日公开的不利之处是：过早公开申请内容，他人就可能利用该申请，有可能损害申请人的利益。另外，对撤回的专利申请，如申请内容尚未公开，该技术还可以作为一项技术秘密由申请人拥有，并且日后还可重新提出专利申请；如果申请内容已经公开，则意味着该技术进入了公知技术领域，申请人就不能再就相同内容获得专利保护了。申请人往往希望这种公开晚一些，以便有更多的时间来最终决定是否公开其技术或为技术的公开做准备。

1.9 发明专利申请优先审查

国家知识产权局从2012年8月1日起可以对一些发明专利申请进行优先审查，使其较快获得专利权。但优先审查有一些技术领域的限制，而且必须由申请人请求才可能进行。可以优先审查的主要是涉及节能环保、新一代信息技术、生物、高端装备制造、新能源、新材料、新能源汽车等技术领域；有助于绿色发展的低碳技术、节约资源等发明专利申请。另外，对于就相同主题首次在中国提出专利申请又向其他国家或地区提出申请的，也可以对该中国首次申请提出优先审查请求。代理人对涉及可优先审查的专利申请，应向申请人提示是否需请求优先审查。提出优先审查的必要文件包括：（1）由申请人或代理机构所在地的知识产权局签署意见并盖章的发明专利申请优先审查请求书；（2）有资格的检索机构出具的检索报告。办理优先审查手续不需要缴纳任何费用。对优先审查的发明专利申请，申请人答复审查意见通知书的期限为两个月。申请人延期答复的，国家知识产权局将停止优先审查，按一般申请处理。

2 申请文件的准备和提交

经代理人提交的专利申请文件应该能顺利获得受理和通过形式审查，至少应顺利取得专利申请日和申请号。代理人应当十分清楚不能被受理的情况并知晓获得申请日所必须提交的文件和信息，代理人还应熟悉电子申请提交方式和相关费用减缓请求的事务。

2.1 获得申请日所必须提交的文件

为获得申请日和申请号，代理人必须提交以下文件：请求书、说明书和权利要求书，实用新型申请还要有说明书附图；外观设计申请要有请求书、图片（或者照片）以及简要说明。

需要说明的是，以中文完成国际公布的国际申请在进入国家阶段时只需要提交进入声明、原始申请的摘要及摘要附图即可；但在完成国际公布前请求提前处理并要求提前进行国家公布的，需要提交PCT原始申请的说明书、权利要求书及附图（如果有）。

请求书是专利申请的重要法律文件。因此应选择正确类别的请求书，并应在请求书中正确写明申请人姓名/名称、地址。需要注意的是，在实践中应建议申请人地址应填写相对稳定的地址，例如单位申请人的地址最好用单位营业执照上的地址。

对于要求优先权的申请，在请求书中还应写明作为优先权基础的在先申请的申请日、申请号和在先申请受理机构名称；对于同样的发明创造在同日既提交发明申请又提交实用新型申请的，在发明和实用新型的请求书中应分别勾选声明栏；对于要求不丧失新颖性宽限期的申请，在请求书中应注意勾选声明。

此外，对于有附图的专利申请，在提交专利申请时必须提交说明书附图。

2.2 可以补交的文件及信息

除上述为确定申请日所必须的文件和信息之外，以下文件及信息可以与必须提交的文件一起提交，也可以在专利申请提交之后规定的期限内补交：专利代理委托书、在先申请文件副本、优先权转让证明文件、生物材料保藏证明和存活证明、计算机可读形式的序列表和不丧失新颖性宽限期的证明文件、遗传资源来源披露登记表、生物材料保藏信息及发明人姓名等。

2.3 电子申请

由于电子申请具有缩短审查周期、及时取得受理通知书等优势,代理人应建议申请人采用电子申请方式提交专利申请。

采用电子申请提交专利申请的,代理人可选用 XML、WORD、PDF 三种文件格式中的一种提交,一件专利申请文件中最多只允许有两种格式,如 XML 和 WORD,或者 XML 和 PDF。提交的专利申请文件还应符合《电子申请文件格式要求说明》和《关于外观设计专利电子申请提交规范注意事项》的规定。

专利申请以电子方式提出并被受理后,后续办理专利申请的各种手续都应当以电子形式提交,但《专利法》及其实施细则规定必须提交纸件原件的除外。

采用电子方式提交专利申请,有时因代理人工作环境与电子申请要求格式不一,所以代理人还需要认真核对专利电子申请(CPC)系统中的文件是否完整无误,并及时核对申请回执中的提交文件清单是否与所提交的文件完全一致。

2.4 要求费用减缓时的注意事项

对于要求费用减缓的申请人,代理人应告知申请人,在提交专利申请的同时提交费用减缓请求书及费用减缓证明方可享受所有可减缓费用的减缓。以电子方式提交专利申请时,还需在电子委托书中注意勾选委托代理机构办理费用减缓事项。

在专利申请的过程中再提交费用减缓请求书及费用减缓证明的,只可以享受后续相关费用的减缓。需要注意的是,希望享受后续相关费用减缓的,应当在有关费用缴纳期限届满日的两个半月之前提出费用减缓请求。

2.5 缴纳申请费

缴纳专利申请费用是保障专利申请正常进入审查程序的重要条件,并有严格的期限与要求。申请费的缴纳期限是自申请日起 2 个月内,或者在收到受理通知书之日起 15 日内,以后到期的为准。代理人应在上述期限内缴纳申请费。在缴纳申请费的同时还需要缴纳优先权要求费(要求优先权的)、申请附加费(适用时)以及发明专利申请的公布印刷费。

需要说明的是,由国家知识产权局作为受理局受理的 PCT 国际申请在进入中国国家阶段时免缴申请费及申请附加费。由国家知识产权局作出国际检索报告及专利性国际初步报告的 PCT 国际申请,在进入中国国家阶段并提出实质审查请求时,免缴实质审查费。

2.6 代理报告

新申请提交后,代理人应及时向申请人发送代理报告,告知申请人已提交的文件和需要补交的文件及期限。代理人在制作代理报告时还应核查受理通知书的信息是否正确,不正确时应及时提出意见陈述,请求国家知识产权局更改,不要把有误的信息或申请文件转给申请人。

第 2 节　初审阶段事务

1　补　　正

发明、实用新型和外观设计专利申请提交之后，如果还存在一些形式缺陷或缺少相关的必要文件，就必须通过补正来完善，补正是专利申请初审阶段的最常见事务之一。代理人在初审阶段及时进行补正可以使专利申请顺利进入后续程序或者取得授权通知书。补正可以是主动进行，也可以被动进行。

代理人应注意，无论是主动补正还是被动补正，都要符合《专利法》第 33 条和《专利法实施细则》第 43 条第 1 款的规定。

1.1　主动补正

主动补正是代理人主动克服专利申请中的缺陷而不等国家知识产权局发出补正通知就进行的作业。需要特别注意的是，有些文件可以在国家知识产权局发出补正通知后补交，而有些文件必须要在规定的期限内由申请人主动补交，国家知识产权局是不会发出补正通知书的。如生物材料保藏证明和存活证明、在先申请文件副本、优先权转让证明文件和不丧失新颖性宽限期的证明文件等。因此，在提交专利申请时有相应声明的，需要提交这些文件而又未同时提交的，代理人一定要在规定的期限内向申请人催要并主动补交这些文件。

代理人未按规定的期限补交这些文件时，国家知识产权局会发出生物材料样品视为未保藏通知书、视为未要求优先权通知书等通知书。一旦此类通知书发出，就只能进行恢复程序。代理人在收到视为未要求通知书后应及时告知申请人可以请求恢复权利。对于申请人希望恢复权利的，代理人需要在收到通知书的 2 个月内，提出权利恢复请求。提出权利恢复请求时，应提交恢复权利请求书并说明理由以及应主动补交的文件，并缴纳恢复权利请求费（以不可抗拒的事由为理由请求恢复的情形除外）。

1.2　被动补正

在收到国家知识产权局发出的补正通知书后必须针对补正内容进行补正，否则会导致专利申请视为撤回。除上述必须主动提交的文件外，国家知识产权局在审查过程中会对专利申请文件中存在的其他问题发出补正通知书，如申请文件中缺少专利代理委托书、缺少遗传资源来源的说明、请求书中优先权信息不完整或者不准确、请求书中关于生物保藏项目与保藏及存活证明不一致、分案申请请求书中填写的原申请的申请日或者申请号有误等。

代理人在收到补正通知书时，应在通知书规定的期限内进行答复。通常的答复期限是从收到补正通知书之日起 2 个月内，具体以通知书中指定的期限为准。

需要注意的是，因正当理由难以在指定的期限内作出答复的，代理人可以建议申请人提出延长期限请求，由申请人决定是否提出延期请求。申请人决定请求延长期限时，代理人应在期限届满前提交延长期限请求书，说明理由，并缴纳延长期限请求费，延长期限请求费以月计算。延长的期限不得超过2个月，对同一通知书或者决定中指定的期限一般只允许延长一次。

另外，如果未在规定的期限内进行补正的，国家知识产权局会发出视为撤回通知书、视为未保藏通知书或视为未要求优先权通知书等。代理人在收到通知书后应及时告知申请人可以请求恢复权利。对于申请人希望恢复权利的，代理人需要在收到通知书2个月内提出权利恢复请求。提出权利恢复请求时，应提交恢复权利请求书并说明理由及对应的补正通知书的答复或文件，并缴纳恢复权利请求费（以不可抗拒的事由为理由请求恢复的情形除外）。

1.3 实用新型和外观设计的主动修改

实用新型和外观设计申请的申请人可以自申请日起2个月内对专利申请文件进行主动修改。PCT国际申请进入中国国家阶段选择实用新型的，在进入国家阶段之日起2个月内可以对申请文件进行主动修改。代理人应在申请提出后及时告知申请人有主动修改的机会及修改时机，由申请人决定是否进行主动修改。

此外，代理人也应把握此次机会对专利申请文件中存在的形式问题进行修改，避免产生不必要的补正；同时，代理人也可以利用此次机会进一步完善保护范围，为申请人争取更为合理的保护范围。

2 实用新型和外观设计登记手续的办理

实用新型和外观设计专利申请经过初步审查没有发现驳回理由的，国家知识产权局会发出授予实用新型（或者外观设计）专利权通知书以及办理专利权登记手续通知书。代理人在收到通知书后应注意核查授权文本，告知申请人办理登记手续的事项，同时告知提出分案申请的最后时机。

2.1 核查授权文件

在收到授权通知书后，代理人应核查授权所依据的文本是否与最后一次所提交的修改文本一致。不一致时应提交意见陈述，请求国家知识产权局更正。

2.2 分案申请的时机

在收到授权通知书之日起2个月内仍可以提出分案申请。代理人应在收到授权通知书后询问申请人是否有分案的需求并告知分案的最后期限，由申请人决定是否提出分案申请。

3 发明专利申请的公布

发明专利申请的公布是发明专利申请必经的程序。发明专利申请公布后该发明专利申请即可以获得"临时保护",还可以启动香港标准专利申请的登记程序。

3.1 香港标准专利申请登记

在中国（内地）的发明专利申请公布以后即可以启动相关香港标准专利的申请。在中国（内地）的发明专利申请公布后,代理人应告知申请人在发明专利公布之日起6个月内,可以向中国香港知识产权署提出香港标准专利申请,由申请人决定是否申请香港标准专利。

关于香港标准专利申请所需要的文件和注意事项等在本书第4章第4节"中国香港地区的专利申请"部分有较为详细的介绍,此处不再赘述。

3.2 临时保护

发明专利申请公布后,代理人应告知申请人自发明专利申请公布之日起可以享受临时保护。在临时保护期限内,申请人发现有人使用其发明申请中记载的技术方案的,可以向使用者发出告知函,并且可以要求实施该发明的使用者支付适当的费用。

第3节 实审阶段事务

1 实审请求的提出

实质审查程序是发明专利申请特有的程序,也是获得发明专利权必不可少的程序。实审程序主要是依据申请人的请求而启动。代理人在提醒申请人启动实审程序的同时还应告知申请人主动修改的机会。

1.1 期限和费用

实审请求应当在自申请日（有优先权的,指优先权日）起3年内提出,并在此期限内缴纳实质审查费（以下简称"实审费"）。对提交专利申请时未同时提交实审请求的发明申请,代理人应建立实审请求时限,及时或者在收到国家知识产权局发出的期限届满前通知书后提醒申请人提交实审请求的期限,并告知其不提交实审请求的后果,由申请人决定是否提交实审请求并缴纳实审费。

如果未在规定的期限内提交实审请求或者未缴纳或者未缴足实审费的,国家知识产权局会发出视为撤回通知书。代理人在收到此通知书后,应告知申请人仍有请求恢复权利的机会,由申请人决定是否办理恢复和提出实审请求。

1.2 主动修改时机

代理人在提醒申请人提交实审请求的同时,应告知申请人在提出实审请求的同时可以对发明专利申请文件主动进行修改，由申请人决定是否利用这次主动修改机会。

2　进入实审后的主动修改

代理人在收到发明专利申请进入实质审查阶段通知书后，应及时告知申请人在收到此通知书的3个月内，还可以对发明专利申请主动提出修改，由申请人决定是否进行修改。这次修改机会是申请人主动修改的最后时机，在此之后所进行的修改都是为克服国家知识产权局指出的缺陷或为了消除原申请文件存在的缺陷而进行的修改。

3　审查意见的处理

审查意见的处理是发明专利申请实审阶段最常见的事务。代理人应及时答复审查意见并争取使发明专利申请获得授权。

3.1　审查意见的转达

代理人在收到国家知识产权局发出的审查意见通知书后，应及时将该通知书转达给申请人，并在转达函中告知申请人此次通知书的答复期限和需要申请人配合的事项等。申请人要求代理人提供建议的，代理人还应在转达函中给出答复的建议。一般情况下，答复第一次审查意见通知书的期限是从收到通知书之日起4个月内，答复再次审查意见通知书的期限是自收到通知书之日起2个月内。

3.2　审查意见的答复

代理人在收到申请人提供的答复意见或相关修改文件后，应及时根据申请人所提供的意见整理答复文件，并将准备提交的答复文件发给申请人确认。在得到申请人的确认之后，代理人应在规定的期限内及时提交答复文件。

答复时，如果对专利申请文件进行了修改，代理人需要在意见陈述书中明确说明修改的理由、内容及位置。权利要求有修改时，建议代理人提交修改后完整的权利要求书，以避免因部分替换引起审查文本混乱。

3.3　注意事项

在进行审查意见答复时，代理人应注意以下事项。

3.3.1　答复期限的延期

因正当理由难以在指定的期限内作出答复的，代理人可以建议申请人提出延长期限请求，由申请人决定是否提出延期请求。如果申请人决定请求延长期限时，代理人应在期限届满前提交延长期限请求书，说明理由，并缴纳延长期限请求费，延长期限请求费以月计算。延长的期限不得超过2个月，对同一通知或者决定中指定的期限一般只允许延长一次。

3.3.2　被视为撤回申请的恢复

未在规定的期限内对审查意见进行答复的，国家知识产权局会发出视为撤回通知书。代理人在收到视为撤回通知书后,应及时告知申请人可以请求恢复权利。对于希望恢复权利的申请人,代理人应在收到通知书的 2 个月内提出权利恢复请求。提出权利恢复请求时,应提交恢复权利请求书并说明理由及对应审查意见通知书的答复及修改文件,并缴纳恢复权利请求费。

3.3.3 会 晤

代理人在收到第一次审查意见通知书并在提交答复文件之后,可以根据案件的实际情况或申请人的请求,以电话的形式向审查员提出会晤请求。在与审查员会晤时可以提出拟修改的文件,该拟修改的文件应在确定会晤时间后事先提交给国家知识产权局,以便在会晤时讨论。

此外,参加会晤的人数一般不得超过 2 名,而且会晤时间确定后一般不得变动,代理人应与申请人协商确定参加会晤的具体人员。

3.3.4 电话沟通

代理人在收到审查意见后,如果发现审查意见通知书中存在较为明显的问题,例如,审查文本使用错误或者技术方案理解明显有误或者代理人对审查意见通知书中的某些审查意见有疑惑时,建议代理人与审查员进行电话沟通,尽快解决通知书中存在的问题。

此外,代理人在收到申请人提供的答复意见后,也可以根据答复意见的情况与审查员就答复意见是否可被接受或就发明技术内容的说明等问题进行电话沟通。

3.3.5 答复后的补充和进一步修改

在答复审查意见之后、再次审查意见或者授权通知书发出之前,如果需要对答复文件做进一步补充说明或者修改的,代理人可以根据专利申请的实际情况适时提出说明或者修改。一般情况下,如果说明或者修改有利于加快审查进程的,审查员会接受,否则将不予考虑。

4 放弃实用新型专利权书面声明的提交

对于同日递交的发明专利申请,申请人决定放弃已经授予的实用新型专利权的,代理人需要在答复审查意见通知书的同时提交放弃实用新型专利权书面声明。

提交放弃实用新型专利书面声明时应注意:

(1)纸件提交时,应在收到相应的发明专利申请的审查意见通知书后,在提交答复审查意见的同时,递交申请人签字或者盖章的书面声明。

(2)电子提交时,应在对应的实用新型专利中单独提交申请人签字或者盖章的书面声明。

声明放弃的实用新型专利权自公告授予发明专利权之日起终止。需要强调的是,即使申请人已经提交实用新型放弃声明,也必须要按时缴纳年费以保证该实用新型在发明专利公告日之前是有效的，避免该专利技术在发明专利公告之前进入公有技术领域。

此外，如果实用新型在发明专利申请授权之前已经丧失权利，则该实用新型所保护的技术进入公有技术领域，申请人不仅不能享有选择的权利，而且会影响所对应的发明专利申请的授权。如果遇到此种情况，代理人只能通过修改发明的权利要求才能达到取得发明专利权的目的。

5 驳回决定的处理

驳回是专利申请经过审查后的一种结果。代理人在收到驳回决定后应及时向申请人转达，并告知申请人可能的后续程序。

5.1 驳回决定的转达

代理人在收到国家知识产权局发出的驳回决定后应及时将该决定转达给申请人。在转达函中应告知申请人申请被驳回之后的后续处理程序，例如，在收到驳回决定之日起3个月内提出复审请求和/或提出分案申请。必要时，对采取何种后续程序给出建议，由申请人决定所采用的后续处理程序。

5.2 后续处理

代理人在收到申请人启动后续处理程序的明确指示后，应及时按照申请人的选择在期限内启动后续程序。

申请人选择启动复审程序的，代理人应按照复审的相关要求提交相关文件并缴纳费用。关于复审程序，本套教程中《专利复审与无效代理实务》分册有详细介绍，此处不再赘述。

申请人选择提交分案申请的，代理人应按照分案申请的相关要求提交相应文件并缴纳费用。本章"第5节 分案及其他事务"部分有较为详细的介绍，此处也不再赘述。

第4节 授权及授权后事务

1 发明专利登记手续的办理

发明专利申请经过实审没有发现驳回理由的，国家知识产权局会发出授予发明专利权通知书。代理人在收到通知书后应注意核查授权文本，并在告知申请人办理登记手续的事项同时告知其分案申请的最后时机。

1.1 核查授权文本

在收到授予发明专利权通知书后，与实用新型和外观设计专利申请类似，代理人应核查授权所依据的文本是否与最后一次所提交的修改文本一致。不一致时应提交意见陈述，请求国家知识产权局更正。

1.2 分案申请的时机

在收到授予发明专利权通知书之日起 2 个月内仍可以提出分案申请。代理人应在收到授权通知书后询问申请人是否有进行分案的需求，并告知申请人分案的最后期限，由申请人决定是否提出分案申请。

2 授权后事务

专利申请在取得专利证书之后即进入维持专利权阶段。代理人应在转达证书时与申请人明确专利维持阶段的权利和义务，并根据申请人的指示处理维持专利权阶段的事务。

2.1 证书的转达

代理人在收到专利证书后，首先应核对专利证书上的信息是否正确。如果存在打印错误，在征得申请人的同意后，可以将有误的专利证书退回国家知识产权局，请求国家知识产权局更正。国家知识产权局核实确为打印错误的，会更换为正确的专利证书。

代理人在核对专利证书信息无误后，应及时向申请人转达，告知申请人授权当年以后的年费缴纳时间，并确认是否继续委托管理年费缴纳事务。

2.2 香港标准专利登记及澳门专利保护延伸

对已在公开后向中国香港知识产权署进行过香港标准专利登记的发明专利申请，代理人应在收到发明专利证书后及时告知申请人应进行香港标准专利注册，即在发明专利公告日起 6 个月内向中国香港知识产权署提交相关文件以获得中国香港标准专利。

代理人在向申请人转达发明专利证书的同时也应告知申请人在发明专利公告日起 3 个月内可向中国澳门专利局提交相关文件以延伸获得中国澳门专利的保护。关于申请所需要的文件和注意事项等在本书第 4 章第 4 节"中国澳门地区的专利申请"部分有较为详细的介绍，此处不再赘述。

2.3 年费管理

代理人接受申请人委托管理专利年费事务的，应每年及时提醒申请人缴费的时间和年费金额，并在得到申请人的缴费指示后按期足额缴纳相应的年费。

未按时缴纳年费（不包括授予专利权当年的年费）或者缴纳的数额不足的，均会收到国家知识产权局发出的缴费通知，应及时转给申请人，申请人如仍需维持专利权的，可以在年费期满之日起 6 个月内补缴年费和相应的滞纳金。在 6 个月的滞纳期内补缴年费或者滞纳金不足需要再次补缴的，应当依照再次补缴年费或者滞纳金时所在滞纳金时段内的滞纳金标准，补足应当缴纳的全部年费和滞纳金。需要注意的是，授权之日起前三年的年费可以享受减缓，滞纳金不能减缓。

2.4 专利权终止

专利年费滞纳期满仍未缴纳或者缴足专利年费或者滞纳金的，专利权自应当缴纳年费期满之日起终止。

专利权终止的，国家知识产权局会发出专利权终止通知书。代理人在收到专利权终止通知书后应及时告知申请人可以请求恢复权利。对于希望恢复权利的申请人，代理人应在收到通知书的2个月内提出权利恢复请求。提出权利恢复请求时，应提交恢复权利请求书并说明理由，同时缴纳恢复权利请求费，补缴相应的专利年费及滞纳金（以不可抗拒的事由为理由请求恢复的情形除外）。

第5节　分案及其他事务

1　分　　案

分案是专利申请提交后一种较为常见的事务。代理人在处理此类事务时应注意分案申请的时机，并根据专利申请的情况正确填写请求书、提交分案申请的相关文件并缴纳相应费用。

1.1 分案时机

对于有提出分案申请打算的或者根据申请的实际情况需要提出分案申请的，代理人应明确告知申请人分案申请提出的时机。

分案申请在原申请审查过程中的任何时间都可以提出，但最迟的时机是在收到原申请的授予专利权通知书之日起2个月期限（即办理登记手续的期限）届满之前提出（以实际办理登记手续时间为限）；或者在收到原申请的驳回决定之日起3个月内，不论是否提出复审请求均可以提出；或者在提出复审请求以后以及对复审决定不服而提起行政诉讼期间提出。

对于已提出过分案申请，需要针对该分案申请再次提出分案申请的，再次提出的分案申请的提交时间仍应当根据原申请计算。需要注意的是，对于已提出过分案申请但分案申请存在单一性的缺陷，按照国家知识产权局的审查意见需要再次提出分案申请时，分案申请的提交时间不受原申请的限制。

1.2 注意事项

在提出分案申请时，代理人应注意以下事项。

1.2.1 请　求　书

提出分案申请，填写请求书时应注意：应当在请求书中正确填写原申请的申请号和申请日；原申请是国际申请的，应当在所填写的原申请的申请号后的括号内注明国际申请号。

对于已提出过分案申请，需要针对该分案申请再次提出分案申请的，还应当在原申请的申请号后的括号内填写该分案申请的申请号。

1.2.2 申请人和发明人

提出分案申请，确定申请人和发明人时应注意：申请人应当与原申请的申请人相同；不相同的，应当提交有关申请人变更的证明材料；发明人也应当是原申请的全部发明人或者是其中的部分成员。

1.2.3 提交的文件

在提出分案申请并准备提交文件时应注意：无论是纸件提交或以电子申请方式提交，仅需要提交申请文件。不需要提交与本分案申请有关的其他文件副本。

1.2.4 期限和费用

提出分案申请，计算期限和缴纳费用时应注意：

（1）分案申请适用的各种法定期限，都是从原案申请日起算。对于已经届满或者自分案申请递交日起至期限届满日不足 2 个月的各种期限，可以自分案申请递交日起 2 个月内或者自收到受理通知书之日起 15 日内（以后到期的为准）补办各种手续，如提出实审请求。

（2）分案申请应当视为一件新申请缴纳各种费用。对于缴费期限已经届满或者自分案申请递交日起至期限届满日不足 2 个月的各种费用，可以在自分案申请递交日起 2 个月内或者自收到受理通知书之日起 15 日（以后到期的为准）补缴。

（3）如果提交分案申请时已经超出提出实审请求的期限，通常会同时提出实审请求；如果此时尚未确定最终的权利要求文本，可以不同时提出实审请求，而是在申请提出的 2 个月内提出实审请求，并主动修改权利要求。

2　著录项目变更和实施许可合同备案

2.1　著录项目变更

在专利申请阶段及专利权的有效维持阶段，均可以对专利或专利申请的著录项目信息提出变更请求。

一般情况下，发明人、申请人、代理机构变更需要缴纳费用，而其他的著录项目信息变更不需要缴纳费用。费用是按照一件专利申请每次每项申报著录项目变更收取。针对一项专利申请（或者专利），在一次著录项目变更申报手续中对同一著录项目提出连续变更，视为一次变更。请求变更发明人和/或申请人（或者专利权人）的，变更手续费为 200 元。请求变更专利代理机构和/或代理人的，变更手续费为 50 元。

办理著录项目变更时，应当自提出请求之日起 1 个月内缴纳著录项目变更手续费，另有规定的除外。

办理著录项目变更时，应当提交著录项目变更申报书，有必要的，还需要提交相关证明文件。各种证明文件应当是原件，其中证明文件是复印件的，应当经过公证或者由出具证明文件的主管部门加盖公章（原件在国家知识产权局备案确认的除外）；在外国形成的证明文件是复印件的，应当经过公证。

需要注意的是，当一份证明文件原件涉及多份专利申请或者专利时，可以将证明文件原件交至国家知识产权局备案。国家知识产权局对提交的证明文件原件与证明文件复印件进行审查核对后，给出证明文件备案编号并将证明文件原件存档。经审核后的证明文件复印件与证明文件原件具有相同的法律效力。采用电子方式提交著录项目变更时，对于已备案的证明文件只需填写备案编号。

涉及权利人变更的事务是较为常见和复杂的专利代理事务，完成这种变更所需要的证明文件应该满足以下要求：转让人和受让人都必须签字；涉及多个转让人和/或多个受让人的，各方都应知晓并认可全部转让关系；所有证明文件应该是原件或经公证的复印件。完成变更还需要受让人签署的委托书。

以下列举了几种较为常见的申请人变更的示例，供参考。

【例1】

事由：申请人A变更为申请人B；

现有文件：申请人A更名为A1的证明文件复印件和A1转让给B的转让证明原件；

处理：需告知委托人，申请人A更名为A1的证明文件复印件需要经公证或认证。此外，还需要申请人B签署的委托书。

【例2】

事由：申请人A变更为申请人A和申请人B；

现有文件：申请人A转让给B的转让证明原件，其中提到A将一部分权利转让给B，以及B签署的委托书；

处理：代理人在提交著录项目变更请求时应写明变更后的申请人是申请人A和申请人B，并在转让证明的译文中注明新申请人为A和B。

【例3】

事由：申请人A变更为申请人B和申请人C；

现有文件：申请人A转让给B的转让证明原件、申请人A转让给C的转让证明原件以及B和C签署的委托书原件；

处理：代理人应让B和C分别签署认可A向对方转让权利的文件，之后才可以办理著录项目变更。

实践中，如果由代理人准备需各方签署的文件，较好的方式是准备一份A将权利转让给B和C的文件，请A、B和C分别签署。

【例4】

事由：申请人A和申请人B变更为申请人B和申请人C；

现有文件：申请人A转让给C的转让证明和C签署的委托书；

处理：还需要由B和C签字的共同为权利人的声明。

【例5】

事由：申请人A和申请人B变更为申请人C和申请人D；

现有文件：申请人A转让给C的转让证明和C签署的委托书，申请人B转让给D的转让证明和D签署的委托书；

处理：还需要A和C认可B转让给D的声明，以及B和D认可A转让给C的声明。或者，准备一份A、B转让给C、D的转让证明，请四方签字。

2.2 实施许可合同备案

专利实施许可合同签订后，许可方和被许可方应当在合同生效日起3个月内到国家知识产权局指定的部门办理备案手续。专利代理机构应在接受许可方和被许可方的共同委托后代为办理备案手续。专利代理机构在办理备案时应注意，许可方和被许可方一方涉及外国人或外国单位的，只能到国家知识产权局专利局初审及流程管理部办理备案；双方皆为国内个人或者单位的，可以到国家知识产权局专利局在各地设立的代办处办理备案。

办理备案时需提交以下材料：

（1）专利实施许可合同备案申请表；

（2）专利实施许可合同原件；

（3）许可方与被许可方的合法身份证明，其中个人提交身份证复印件，外国人可提交护照复印件，单位提交加盖公章的营业执照复印件或者事业单位法人证书、加盖公章的组织机构代码证复印件，以及法人代表的身份证复印件，外国单位并且注册地在中国大陆以外的，应当提交当地的法人注册证明文件并附中文译文，若证明是复印件的，应当经过公证和认证；

（4）许可方和被许可方签署的委托书原件。

需要注意的是，以上文件如果是外文文本的，应当附中文译本。

2.3 权利的恢复

2.3.1 恢复的范围

前面章节中已经提到补正的恢复、实审请求的恢复和审查意见逾期答复的恢复等。代理人应注意，并不是所有因耽误期限而丧失权利的都可以办理恢复，不丧失新颖性的宽限期、优先权期限、专利权期限和侵权诉讼时效等规定的期限被耽误而造成的权利丧失不能请求恢复权利。

2.3.2 恢复的手续

代理人在办理恢复时，应区分是因不可抗拒的事由而导致的权利丧失还是因其他正当理由而导致的权利丧失。

因不可抗拒的事由而导致的权利丧失请求恢复权利时，应自障碍消除之日起2个月内、最迟自期限届满之日起2年内提交恢复权利请求书并说明理由，必要时还应当附具相关证明文件。值得注意的是，此类恢复不需要缴纳恢复权利请求费。

因其他正当理由而导致的权利丧失请求恢复权利时，应在收到国家知识产权局专利局或者专利复审委的处分决定通知书之日起2个月内提交恢复权利请求书并说明理由，并同时缴纳恢复权利请求费。

无论是哪一种恢复手续，均应在提出恢复请求时同时克服造成权利丧失的缺陷，即办理相应手续。

2.4 权利的中止

2.4.1 中止的条件

中止，是指当地方知识产权主管部门或者人民法院受理了专利申请权（或专利权）权属纠纷，或者人民法院裁定对专利申请权（或专利权）采取财产保全措施时，国家知识产权局根据权属纠纷当事人的请求或者人民法院的要求中止有关程序的行为。

当客户委托提出中止请求事务时，代理人首先要确认中止的请求人是否是权属纠纷的当事人，其权属纠纷已被地方知识产权主管部门或者人民法院受理。

2.4.2 中止的范围

中止的范围包括：

（1）暂停专利申请的初步审查、实质审查、复审、授予专利权和专利权无效宣告程序；

（2）暂停视为撤回专利申请、视为放弃取得专利权、未缴年费终止专利权等程序；

（3）暂停办理撤回专利申请、放弃专利权、变更申请人（或专利权人）的姓名或者名称、转移专利申请权（或专利权）、专利权质押登记等手续。

2.4.3 中止的期限

权属纠纷的中止期限一般不得超过1年，即自中止请求之日起满1年的，中止程序结束。

若该权属纠纷在中止期限1年内未能结案，需要继续中止程序的，代理人应提醒客户可以请求延长中止期限。延长请求必须在中止期满前提出，并提交权属纠纷受理部门出具的说明尚未结案原因的证明文件。中止程序可以延长一次，延长的期限不得超过6个月。

第 2 章　国外申请人提交的中国专利申请

国外申请人提交的中国申请与国内申请人提交的中国申请的流程和处理基本是相同的，对于相同的部分可参见第 1 章相关部分。本章只对与国内申请人提交的中国专利申请的流程和处理不同之处进行说明。

第 1 节　申请前咨询

1　PCT 国际申请进入国家阶段申请类型的选择

自 2004 年 1 月 1 日起，PCT 国际申请提交时即被认为自动指定全部的 PCT 成员国，申请类型的选择推迟到国家阶段。国际申请指定中国的，在办理进入中国国家阶段手续时，应当选择要求获得的是"发明专利"或者"实用新型专利"，只能两者择其一，不允许同时要求获得"发明专利"和"实用新型专利"。

2　国内和国外共同完成的发明的保密审查

对于国内和国外共同完成的发明要向外国申请专利的，如果该发明的技术方案的实质性内容是在中国境内完成的，在向外国申请专利之前，应当经过国家知识产权局的保密审查。

建议申请人采用下列方式之一请求专利局进行保密审查：
（1）事先向国家知识产权局提出请求，并详细说明其技术方案；
（2）在向国家知识产权局申请专利的同时提出保密审查请求，或在向国家知识产权局申请专利提交专利申请后提出保密审查请求；
（3）向国家知识产权局提交 PCT 国际申请的，视为同时提出了保密审查请求。

直接向国家知识产权局提出 PCT 国际申请时需注意，请求书中一定要有中国的申请人，否则国家知识产权局将不予受理该 PCT 国际申请。

第 2 节 申请文件的准备和提交

1 提交期限的确定

在收到客户委托提交新申请的指示后,如果客户指定了新申请的提交日期,应该核实客户指定的日期。应确保对于采用《巴黎公约》途径的申请,发明/实用新型的申请日在最早的优先权日起 12 个月内,外观设计的申请日在最早的优先权日起 6 个月内;对于 PCT 国际申请,进入国家阶段的日期在最早的优先权日起 32 个月内。在核实了客户指定的新申请提交日期满足上述条件的情况下,将客户指定的新申请提交日设定为该申请的提交日期。如果客户没有明确提交日期,应该依据以下原则确定合理期限。

(1)《巴黎公约》途径申请。

对于依据《巴黎公约》优先权制度提出的申请,发明/实用新型的申请日应该定在最早的优先权日起 12 个月内,外观设计的申请日应该定在最早的优先权日起 6 个月内。如果客户指示提交的新申请未要求优先权,应该在保证翻译质量的前提下尽早提交该新申请。

(2)进入国家阶段的 PCT 国际申请。

对于 PCT 国际申请,通常应该将其进入中国国家阶段的日期确定在自最早的优先权日起 30 个月内。如果进入中国国家阶段的日期已临近自最早的优先权起 30 个月的期限,可以使用 2 个月的宽限期,并告知客户为了避免因翻译加急产生过高的翻译费用使用了 2 个月的宽限期,但需多缴纳一笔宽限费。

2 文件信息的核查以及立卷确认信函

2.1 文件信息的核查

(1)申请人中译名的确认。

如果客户未提供申请人的中译名,在确定新申请人的中译名时,要考虑该中译名与该申请人可能已有的中译名的一致。

(2)确认翻译基础文本及其完整性。

① 在客户提供多套文本的情况下,注意根据客户新申请指示信函确定翻译基础文本,将其与参考文本等区分开。如果客户没有明确指示,应该写信与客户进行确认翻译基础文本。

通常情况下,PCT 国际申请的国际公布文本与该 PCT 国际申请的原始申请的文本一致,PCT 国际申请进入中国国家阶段时,国际公布文本被作为翻译的基础文本采用。如果国际公布语言是日语、德语等小语种，而客户提供了一套英文文本，则需要在立卷确认信函中请求客户确认所提供的文本是否是国际公布文本的忠实翻译。如果客户提供的文本从形式上看明显与国际公布文本不一致，则需要在立卷确认信函中告知客户在该 PCT 国际申请进入中国国家阶段时必须提交国际公布文本的译文，并确认其所提供的文本是否要作为进入中国国家阶段时的审查基础。

② 核查说明书、权利要求书、附图的页码是否连续，权利要求的序号是否连续，以及说明书中的附图说明与外文附图是否一致。

（3）确认修改文本。

PCT 国际申请如果有修改，首先要区分是按《专利合作条约》（以下简称"PCT"）第 19 条、第 34 条或第 28/41 条提出的修改。应当注意的是，并非所有的国际阶段的修改在该申请进入中国国家阶段时都必须翻译并提交，申请人可以仅翻译并提交作为审查基础的修改，并在请求书的审查基础文本项目中声明。依据第 19 条、第 34 条修改的中译文可以在办理进入中国国家阶段手续的同时提交，也可以最迟在进入日起 2 个月内提交，但需要注意的是，依据第 28/41 条的修改只能在进入中国国家阶段的同时提交。

（4）核查 PCT 国际公布首页及相关表格（通知书）中的信息。

核查新申请指示信中的 PCT 国际申请号、申请日、优先权、申请人、发明人等信息是否与国际公布首页中的信息相一致。如发现有不一致的信息，需要及时与客户确认是打字错误还是涉及变更等情况。应当注意的是，客户提供的信息有时并不完整，因此，要充分利用 WIPO 网站进行查询，以避免要求客户提供或签署不必要的文件。

除了核对上述可能出现在新申请指示信中的信息之外，对于以下信息，即使是指示信中没有提及的，也应该主动核对，以便及时发现问题并做相应处理。

① 核查 PCT/ISA/210 表（"国际检索报告"）中是否标明"PX"、"PY"类文件，如果有，则进一步核实在先申请是否是美国申请，以及国际申请的申请人是否是法人等不同于自然人发明人的单位。如果同时符合这些条件，则应提示申请人准备优先权转让证明。但是当国际公布首页上显示有申请人有权要求优先权的声明（PCT 细则 4.17（iii））时，申请人提交优先权转让证明的义务就可以免除。

② 如果发现有 PCT/IB/306 表（"记录变更通知书"），需进一步核查是否涉及申请人或发明人信息的变更。例如，306 表中已经记载了申请人的名称发生了变更（即表格相应栏目中勾选的是"NAME"而非"PERSON"），在进入国家阶段时就不需要办理著录项目变更手续并提交更名证明和变更费了。又如，306 表中记载了增加发明人，在进入国家阶段时也不用再办理著录项目变更手续，也不需提交申请人和原发明人出具的同意增加发明人的声明。但是，对于申请人的变更（即申请权发生转让），即使有 306 表，在进入国家阶段时可以免于办理著录项目变更手续，仍需提交申请权转让证明。可在新申请确收函中提醒客户准备申请权转让证明，需转让方和受让方共

同签署。

③ 如果发现有 PCT/IB/317 表（"撤回优先权要求通知书"）或 PCT/IB/318 表（"优先权要求被视为未提出通知书"），则说明上述通知书所涉及的优先权要求已经失去效力。对于在国际阶段由国际局或者受理局宣布过优先权要求视为未提出的，申请人在办理进入国家阶段手续的同时可以提出恢复优先权要求的请求，并且缴纳恢复费；对于申请人未向国际局提交过在先申请文件副本的，同时还应当附具在先申请文件副本作为恢复的依据。优先权恢复的条件是被视为未提出的优先权要求的有关信息在国际阶段与 PCT 国际申请一起公布过，而且是在办理进入国家阶段时请求恢复，进入国家阶段之后再提出的优先权恢复请求国家知识产权局不会考虑。

④ 通过国际公布首页核查国际阶段是否有援引加入（应同时附 PCT/RO/114 表，即"确认援引项目或部分决定的通知书"）或不丧失新颖性宽限期声明（PCT 细则 4.17（v））等重要事项。

（5）核实进入声明中针对中国的申请人与最新国际公布文本扉页上或经确认的国际申请副本请求书中记载的是否一致。

PCT 国际申请进入中国国家阶段时，如果针对中国的申请人与最新国际公布文本扉页上或经确认的国际申请副本请求书中记载的不一致，则需要在第一时间向客户询问造成相关申请人信息不一致的原因，以及是否发生过名称/姓名变更或者申请权转让。此外，在 WIPO 网站上查询无果的情况下，还应向客户询问该申请人名称/姓名变更或者申请权转让事宜是否已在国际阶段向国际局提出过变更记录的请求，并且已由国际局作出了 PCT/IB/306 表。

对于在国际阶段曾经由国际局作出过 PCT/IB/306 表的，视为已向国家知识产权局申报，在进入中国国家阶段声明中直接填写变更后的针对中国的申请人信息。若该表中记载的信息涉及申请人姓名或名称的变更时，则无需办理著录项目变更手续以及提交证明材料和缴纳变更手续费；若该表中记载的信息涉及申请权转让事宜，即申请人实体的变更，则需要提交变更后申请人享有申请权的证明材料，该证明材料可以在收到国家知识产权局发出的补正通知书后补交，但无需办理著录项目变更手续和缴纳变更手续费。

经核实，若国际局没有作出过记载申请人信息变更的 PCT/IB/306 表，则应核算该 PCT 国际申请自优先权之日起 30 个月的期限是否已届满，若该期限尚有一段时日才届满，则需要书面告知客户，建议其尽快在该 PCT 国际申请自优先权之日起 30 个月的期限内向国际局提出变更申请人的请求，并要求国际局发出相应的 PCT/IB/306 表。

若向国际局提出申请人名称或姓名变更或者实体变更的请求是在该 PCT 国际申请自优先权之日起 30 个月的期限之后提交的，国际局将不再受理。这种情况下，变更应在国家阶段向各指定局提出。进入中国国家阶段时或之后办理著录项目变更手续的，无论是申请人姓名或名称的变更还是其实体的变更，均需要办理著录项目变更手续，并提交相关证明材料和缴纳变更手续费。上述变更手续可以在收到国家知识产权局发出的补正通知书后完成。

若无国际局传送的记录申请人名称或姓名变更或者实体变更的 PCT/IB/306 表，建议在进入中国国家阶段声明中直接填写变更后的针对中国的申请人信息，国家知识产权局会将进入声明中写明的相关内容与国际公布文本扉页上的记载进行核对，对于不符合规定的，专利局会发出补正通知书，通知申请人补正。

（6）确认是否已处理新申请指示信中涉及的其他相关问题。例如，对申请人提出的在特定的时间提实审或发出提实审提醒的要求加以记录并确保落实。

2.2 立卷确认信函

（1）在新申请的立卷确认信函中应告知客户该新申请的计划提交日期，以及该新申请对应的事务所卷号。此外，对于 PCT 国际申请需要利用 2 个月的宽限期办理进入手续的，应在立卷确认信函中说明。

（2）在新申请的立卷确认信函中，应提供需要申请人签署的各类表格（如委托书、转让证明等），向客户索要或确认相关信息（如申请人和发明人中文译名）及相关文件（如优先权证明文件）。

对于要求申请人签署各类表格或直接提供必要文件的，应告知申请人提供这些文件的期限。

（3）在新申请的立卷确认信函中一并回复客户的各类咨询。

2.3 提交前的实体工作

2.3.1 申请文本的翻译

（1）翻译原则。

代理人在新申请的翻译中应该特别注意技术术语的翻译，因为如果技术术语翻译不当，会对权利要求的保护范围造成不利的影响。此外，代理人在翻译中应该理解本申请的技术方案，对技术方案有疑问的，要尽早跟客户进行沟通。在翻译过程中，如果需要对原始文本进行修改，应该考虑该申请是《巴黎公约》途径申请还是 PCT 国际申请。对于 PCT 国际申请，任何修改都应该考虑该修改是否会不符合《专利法》第 33 条的规定，即修改超出原始申请记载的范围。对于《巴黎公约》途径申请，修改可以超出在先申请记载的范围，但是这样的修改有可能无法享受在先申请的优先权。

（2）说明书中的引用。

对于《巴黎公约》途径申请，代理人在翻译过程中应该检查说明书中引用的其他专利文件的文件公开日是否在本案的最早优先权日之前，如果所引用的专利文件的文件公开日不在本申请的最早优先权日之前，则应该向客户写信建议：如果是与发明的实现有关的，应该把具体内容写入。

2.3.2 PCT 国际申请的相关问题

（1）审查基础的选择。

对于 PCT 国际申请，代理人在翻译前应该确定该 PCT 国际申请是否有《专利法》第 19 条、第 34 条、第 28/41 条修改，以及客户是否明确指示了以哪次修改作为审查基础。如果客户没有明确指示以哪次修改作为审查基础，代理人应该写信与客户确认审查基础。

需要指出的是，除了翻译申请人确定为审查基础的修改文本，国际公布文本也必须翻译。

（2）与国际公布文本的一致性。

国际公布文本通常与 PCT 国际申请的原始文本一致，其准确、完整的译文是进入中国国家阶段时必须提交的文件。如果客户指示了以该国际公布语言之外的另一种语言的文本作为翻译基础文本，代理人应该注意该文本与国际公布语言的文本的一致性。如果发现不一致，代理人应该保持译文与国际公布文本一致。对于不一致的内容，可以考虑作为第 28/41 条修改的内容。

另外，有时客户会提供台湾地区使用的中文文本，此时应注意该文本不能直接使用，而应当对语言及格式进行修改和调整。

（3）优先权信息的改正。

如果 PCT 国际申请国际公布首页中的优先权信息有误，有两个途径可以修改：

① 如果是国际局的公布错误，在国际局已更正并重新公布的情况下，直接以正确的优先权信息进入国家阶段；在国际局尚未更正的情况下，可以请求国际局重新公布，同时以正确的优先权信息进入国家阶段。

② 如果是申请人的错误造成的，申请人应以正确的优先权信息进入国家阶段，并向国家知识产权局提交优先权副本作为证明。

（4）优先权恢复。

因中国对 PCT 及其实施细则的有关规定作出了保留，国家知识产权局对国际申请在国际阶段恢复的优先权（例如，国际申请日在该优先权日起 12 个月之后、14 个月之内）不予认可，相应的优先权要求在中国不发生效力，不应写入进入声明中。不符合规定的，国家知识产权局会针对该项优先权要求发出视为未要求优先权通知书。但注意的是，办理进入国家阶段手续的期限仍自原最早的优先权日起算。

对此，代理人需要核查文件及信息如下：

① 注意核查 PCT 国际申请首页公布的信息，是否包含恢复的优先权（见表 2-1 和表 2-2-1）。

② 注意核查 PCT/RO/159 表格信息：优先权号，优先权日期（见表 2-2-2）。

③ 注意核查检索报告有无 P 类文件。

④ 如果有 P 类文件，提醒申请人考虑本申请可能遇到的新颖性/创造性障碍。告

知客户不能享受优先权的情况下进入国家阶段期限、实审期限,等待客户进一步指示。

(5) 援引加入。

根据《专利合作条约实施细则》(以下简称"PCT 实施细则")的规定,申请人在递交国际申请时遗漏了某些项目或部分,可以通过援引在先申请中相应部分的方式加入遗漏项目或部分,而保留原国际申请日。其中的"项目"是指全部说明书或者全部权利要求,"部分"是指部分说明书、部分权利要求或者全部或部分附图。

因中国对 PCT 实施细则的上述规定作出保留,国际申请在进入中国国家阶段时,对于通过援引在先申请的方式加入遗漏项目或部分并要求保留原国际申请日的,国家知识产权局不予认可。

对于申请文件中含有援引加入项目或部分的,如果申请人在办理进入国家阶段手续时在进入声明中予以指明并请求修改相对于中国的申请日,则允许申请文件中保留援引加入项目或部分。审查员会以 WIPO 国际局传送的"确认援引项目或部分决定的通知书"(PCT/RO/114 表)中的记载为依据,重新确定该国际申请在中国的申请日,并发出重新确定申请日通知书。因重新确定申请日而导致申请日超出优先权日起 12 个月的,审查员还会针对该项优先权要求发出视为未要求优先权通知书。对于申请文件中含有援引加入项目或部分的,如果申请人在办理进入国家阶段手续时未予以指明或者未请求修改相对于中国的申请日,则不允许申请文件中保留援引加入项目或部分。审查员会发出补正通知书,通知申请人删除援引加入项目或部分,期满未补正的,审查员会发出视为撤回通知书。申请人在后续程序中不能再通过请求修改相对于中国的申请日的方式保留援引加入项目或部分。

对此,代理人需要核查的文件及信息如下:

① 注意核查 PCT 国际申请首页公布的信息,是否包含援引加入内容(见表 2-3-1 和表 2-3-2);

② 注意核查国际局(IB)公开文本,是否标注"incorporated by reference"(见表 2-4);

③ 注意核查国际局的公开信息清单是否列有 PCT/RO/114 表格(见表 2-5-1 和表 2-5-2)。

对于存在援引加入的 PCT 国际申请,代理人应该根据情况给客户提出相应的建议。

援引加入是自优先权日起 12 月以后提出的,如果援引加入的删除不影响申请文件的充分公开,建议客户采取保留原国际申请日和原始递交文本的方式。

援引加入是自优先权日起 12 月以内提出,建议客户采取进入国家阶段保留援引加入项目或部分,但重新确定相对于中国的国际申请日的方式。

援引加入是自优先权日起 12 月以后提出,进入国家阶段需要加入援引加入项目或部分以保证申请文件的充分公开,建议客户采取保留援引加入项目或部分,重新确定该国际申请在中国的申请日的方式进入。

（6）提前进入国家阶段。

在国际申请尚未公布的情况下，申请人要求提前进入国家阶段的，代理人需要注意在进入声明表格中勾选要求提前处理的选项，否则，国家知识产权局在国际公布前不会进行任何处理。

（7）客户要求减少权利要求项数的处理。

对于 PCT 国际申请，如果客户在委托指示信中有在该申请进入中国国家阶段时减少权利要求项数的修改以避免因为权利要求的项数过多增加权利要求附加费的要求，代理人看到这样的指示后，应该及时和客户沟通，告知客户 PCT 国际申请在进入中国国家阶段时权利要求的项数的减少并不会减少权利要求的附加费，权利要求附加费是按照国际公布文本的权利要求项数计算的，并请客户确认在权利要求的附加费不能减少的情况下是否仍要进行减少权利要求项数的修改。

（8）PCT 国家阶段申请与《巴黎公约》途径申请的区别点。

① 申请费、公布印刷费、申请附加费及宽限费。

PCT 国际申请进入国家阶段时，应同时缴纳申请费、公布印刷费及宽限费（如果需要），但最晚必须在自该申请的申请日起（有优先权的，指优先权日）32 个月的期限内缴纳，这不同于《巴黎公约》途径申请是在提交申请之日起 2 个月内或收到受理通知之日起 15 天内缴费。超出最后的缴费期限将导致该 PCT 国际申请无法进入中国国家阶段。

申请人在办理进入国家阶段手续时未缴纳或未缴足申请附加费、优先权费的，国家知识产权局会通知申请人在指定期限内缴纳，期满未缴纳或未补足的，该申请被视为撤回。

由国家知识产权局作为受理局的国际申请在进入国家阶段时免缴申请费及申请附加费，但仍需缴纳公布印刷费、优先权费及宽限费（如果需要）。

② 实质审查费的减免。

由国家知识产权局作出国际检索报告及专利性国际初步报告的国际申请，在进入国家阶段并提出实质审查请求时，免缴实质审查费。

由欧洲专利局、日本特许厅、瑞典专利局三个国际检索单位作出国际检索报告的国际申请，在进入中国国家阶段并提出实质审查请求时，只需要缴纳 80% 的实质审查费。

③ 申请人、发明人中译名。

进入国家阶段的 PCT 申请在新申请提交时，如果尚不能确定申请人或发明人中译名的，可以直接以外文名称进入，并以补正的方式后交中译名。而在《巴黎公约》途径申请中，在新申请提交时必须要有申请人的中译名，只有发明人的中译名可以后补。

对于 PCT 国际国际申请和《巴黎公约》途径申请，如果专利申请提交后需要更正申请人或发明人中译名，则必须办理著录项目变更手续，并提交申请人或发明人的更正声明。

2.3.3 不可授权主题的处理

代理人在翻译新申请前,应该大致看一下该申请所涉及的内容,并初步判断该申请权利要求的主题是否属于可授予专利权的客体。如果没有属于可授予专利权的客体,比如,对于只有明显属于商业方法的权利要求的申请,要在翻译前告知客户该申请存在无法授权的风险。此外,对于实用新型,如果该申请保护的是一种方法,则应告知客户该方法不属于实用新型保护的客体,可以建议客户改为发明专利申请。

2.3.4 明显公开不充分的处理

对于化学领域的申请明显缺少实验数据可能导致公开不充分的情况,代理人应在申请前提醒申请人。

2.4 新申请提交后的报告

在向国家知识产权局递交新申请后,应该向客户发出报告信,其中告知客户该新申请向国家知识产权局的实际递交日。另外,报告信中应对未尽事宜再次向客户发出提醒,如尚未提交委托书、优先权文件副本,尚未提实审等,并指明相关的绝限日期。

第3节 初审阶段

1 优先权副本的补正

对于《巴黎公约》途径申请,优先权副本应当在自专利申请日起 3 个月内主动补交,国家知识产权局不会就此发出补正通知书。

纸件申请需提交优先权副本的原件,电子申请可提交优先权副本原件的扫描件,当国家知识产权局认为必要时,再另行提交原件。

国家知识产权局自 2012 年 3 月 1 日起开通了免费的优先权文件数字接入服务(Digital Access Service for Priority Documents,DAS),对于事先已通过首次受理局将优先权文件成功存入专门数字图书馆的申请,申请人可通过向专利局提交 DAS 查询请求的方式提交优先权文件。包括中国在内,目前开通此项服务的主管局有澳大利亚(AU)、西班牙(ES)、芬兰(FI)、英国(GB)、国际局(IB)、日本(JP)、韩国(KR)、美国(US)共 9 个。

此外,国家知识产权局自 2012 年 9 月 3 日起开通了中欧优先权文件电子交换服务。向欧洲专利局第一次提出专利申请,又向国家知识产权局就相同主题提出专利申请并要求该第一次申请的优先权的,国家知识产权局将自动从欧洲专利局获取在先申请文件副本。如果国家知识产权局未能在《专利法》第 30 条规定的期限内获得在先申请文件副本，国家知识产权局将及时通知申请人，申请人应当自收到通知之日起2个月内提交经欧洲专利局证明的在先申请文件副本。该服务适用于2012年9月3日之后提交的发明或实用新型专利申请。国家知识产权局提供上述服务不收取费用。

以上优先权文件数字接入服务和电子交换服务不适用于申请人依据PCT提交的国际申请或者要求以国际申请作为优先权基础的情形。

在补交优先权副本时，应该核对在先申请号、在先申请日、受理局及申请人信息。

对于PCT国际申请进入国家阶段的，如果在国际阶段申请人已经向受理局提交过优先权副本，则申请人不需要向国家知识产权局再次提交优先权副本，否则，国家知识产权局会发出办理手续补正通知书，通知申请人在指定期限内补交。

2 优先权转让证明的补正

对于《巴黎公约》途径申请，优先权转让证明也必须在专利申请日起3个月内主动补交，国家知识产权局不会就此发出补正通知书。

优先权转让证明补正时，除需仔细核对优先权转让证明所载明的在先申请号、在先申请日、受理局等信息外，对于美国专利商标局出具的优先权转让证明文件，还应确保其中记载的在先申请人（发明人）信息是否与优先权副本中的相一致，包括在先申请人（发明人）姓名的字母拼写及是否含有中间名都要一一对应。如果发现优先权转让证明中记载的在先申请人（发明人）姓名信息与优先权副本中的不一致，并且能够确定是优先权副本记载有误的，可另行提交美国专利商标局出具的在先申请的受理通知书，其中记载的在先申请人（发明人）姓名信息应当与优先权转让证明一致。

如果是代理机构向申请人提供的供其签署的优先权转让证明表格，则需注意的是，仅由转让方签字或盖章即可。

纸件申请可提交经相应受理局证明的优先权转让证明原件，也可提供经受理局所在国公证机构公证的复印件（注意：公证机构的签章应为原始签章）；电子申请可提交上述文件的扫描件，当国家知识产权局认为必要时，再另行提交原件。

对于PCT国际申请进入国家阶段的，通常不需要申请人向国家知识产权局提交优先权转让证明，除非PCT/ISA/210表（国际检索报告）中是标明"PX"、"PY"类文件，且在先申请与国际申请的申请人不同。但当国际公布首页上显示有申请人有权要求优先权的声明（PCT细则4.17（iii））时，申请人提交优先权转让证明的义务就可以免除。

如果PCT国际申请进入国家阶段时有必要提交优先权转让证明的，国家知识产权局会发出补正通知书要求申请人在收到国家知识产权局发出的补正通知书之日起2个月内补交优先权转让证明。

3 视为未要求优先权的恢复

未在规定的期限内补交优先权文件或未提交优先权转让证明,国家知识产权局都会发出视为未要求优先权通知书,视为未要求优先权的恢复需要办理的手续如下:在收到视为未要求外国优先权通知书之日起的 2 个月期限内提交恢复权利请求书,同时缴纳相应的费用,还必须补交优先权副本和优先权转让证明(如果必要的话)。

需要注意的是,在收到国家知识产权局发出的视为未要求外国优先权通知书后,代理人应及时向申请人转达优先权被视为未要求的事实及原因,主动提出详细有效的建议,建立恢复期限,并在期限前发出必要的提醒函以引起客户的重视,尤其是客户迟迟未就此事发过确认收到转达信的案件,更要积极设法与其取得联系。

4 国际单位错误的改正

由于国际单位在事务处理上疏忽而造成发出错误的通知书、在国际公布文本上出现错误的记载、国际公布文本错误或者造成漏发通知书、遗漏记载,由此导致进入国家阶段后国家知识产权局作出"国际申请在中国的效力终止"、"补正"、"优先权视为未要求"等处理的,申请人可以自国家知识产权局发出相应的通知书之日起 6 个月之内要求改正国际单位错误,该要求可以以意见陈述书的形式提出。

经审查或者经与国际局联系,证明确实是国际单位的错误并且已经由国际局作出改正,国家知识产权局应当承认改正后的结论。在等待国际单位改正错误期间,办理某种手续的期限已经届满,由于错误尚未改正而无法按期办理的(例如提出实质审查请求),申请人还应当在提交要求改正国际单位错误的意见陈述书的同时,完成各种耽误的手续。

第 4 节 专利审查高速路的相关处理

专利审查高速路(PPH)是国家知识产权局与其他协议国专利局建立的加快审查机制。申请人可以依据其在首次受理其申请的协议国专利局的审查意见或相应的国际申请的最新国际工作结果(即国际检索单位的书面意见 WO/ISA、国际初步审查单位的书面意见 WO/IPEA 或国际初步审查报告 IPER),对相应的专利申请向国家知识产权局提出加快审查请求。

1 提交 PPH 申请的条件

提交 PPH 申请通常应满足以下条件:
(1) 提交进行 PPH 审查的中国专利申请的所有权利要求,无论是原始提交的还是修改后的，必须与首次受理专利局或与对应国际申请中被国际单位最新工作结果认定为具有可专利性/可授权的一个或多个权利要求充分对应。

（2）中国专利申请必须已经公开。

（3）中国专利申请必须已经进入实质审查阶段（一个允许的例外情形是，申请人可以在提出实质审查请求的同时提出PPH请求）。

（4）国家知识产权局在申请人提出PPH请求之时尚未对该申请进行审查。

（5）中国专利申请必须是电子申请。

（6）针对同一申请，申请人最多有两次提出PPH请求的机会。

2 文件的准备

提交PPH申请通常应提交以下文件：

（1）参与PPH项目请求表。

（2）首次受理专利局就对应申请作出的所有审查意见通知书的副本及其译文，或认为权利要求具有可专利性/可授权的国际单位最新工作结果的副本及其译文。

（3）首次受理专利局或国际单位最新工作结果认定为具有可专利性/可授权的所有权利要求的副本及其译文。

（4）首次受理专利局或国际单位最新工作结果审查员引用文件的副本。

（5）说明申请的所有权利要求是如何与被认为具有可专利性/可授权的权利要求充分对应的权利要求对应表。

除了PPH程序外，国家知识产权局从2012年8月1日起实行的优先审查程序也适用于外国申请人。

第5节 审查意见通知书的转达和答复

1 审查意见通知书的翻译

专利代理人在向国外客户转达国家知识产权局发出的审查意见通知书时，应首先确认客户之前是否对审查意见通知书正文的翻译有过指示，如果客户明确指示过不需要翻译，则代理人在转达信函中需告知客户收到了国家知识产权局发出的审查意见通知书，根据其指示未对审查意见通知书进行翻译，并在信后附上审查意见通知书的复印本，而不对审查意见通知书的正文进行翻译。如果之前客户没有指示过审查意见通知书不需要翻译，则代理人应尽快完成审查意见通知书正文的翻译，并向客户转达。如果审查意见通知书正文部分过长，为了避免过高的翻译费用，代理人可以有选择地仅翻译审查意见通知书的一部分，并在转达信函中告知客户，提醒客户如果其需要全文翻译请来信告知。

2　中文对比文件

如果在审查意见通知书中审查员引用了中文对比文件来评价权利要求的新颖性或创造性，代理人在转达时应检索该中文对比文件的同族申请，并在转达信函中告知客户该中文对比文件的同族申请号，以方便客户对对比文件的分析。

3　针对审查意见的建议

专利代理人在向国外客户转达国家知识产权局发出的审查意见通知书时，除非客户明确指示在转达时不对审查意见通知书进行任何分析，代理人应该对于审查员指出的与国外审查实践有一定差异的问题如修改超范围、不支持等进行具体分析，并给出应对的修改或建议。

4　对《专利法》第33条问题的提醒

代理人在接到客户对审查意见的答复指示后，如果客户修改了权利要求，代理人应该对于该修改是否可能超出申请的原始公开范围进行判断，即是否该修改符合《专利法》第33条的要求。如果该修改明显超出了原始公开的范围，代理人应该及时写信告知客户该修改超范围的风险，并根据客户的进一步指示再做处理。

附件：外内申请的案例与样页

(12) INTERNATIONAL APPLICATION PUBLISHED UNDER THE PATENT COOPERATION TREATY (PCT)

(19) World Intellectual Property Organization
International Bureau

(43) International Publication Date

(10) International Publication Number

(51) International Patent Classification:	Not classified	CN, CO, CR, CU, CZ, DE, DK, DM, DO, DZ, EC, EE, EG, ES, FI, GB, GD, GE, GH, GM, GT, HN, HR, HU, ID, IL, IN, IS, JP, KE, KG, KM, KN, KP, KR, KZ, LA, LC, LK, LR, LS, LT, LU, LY, MA, MD, ME, MG, MK, MN, MW, MX, MY, MZ, NA, NG, NI, NO, NZ, OM, PG, PH, PL, PT, RO, RS, RU, SC, SD, SE, SG, SK, SL, SM, SV, SY, TJ, TM, TN, TR, TT, TZ, UA, UG, US, UZ, VC, VN, ZA, ZM, ZW.
(21) International Application Number:		
(22) International Filing Date:		
(25) Filing Language:	English	
(26) Publication Language:	English	(84) Designated States *(unless otherwise indicated, for every kind of regional protection available)*: ARIPO (BW, GH, GM, KE, LS, MW, MZ, NA, SD, SL, SZ, TZ, UG, ZM, ZW), Eurasian (AM, AZ, BY, KG, KZ, MD, RU, TJ, TM), European (AT, BE, BG, CH, CY, CZ, DE, DK, EE, ES, FI, FR, GB, GR, HU, IE, IS, IT, LT, LU, LV, MC, MT, NL, PL, PT, RO, SE, SI, SK, TR), OAPI (BF, BJ, CF, CG, CI, CM, GA, GN, GQ, GW, ML, MR, NE, SN, TD, TG).
(30) Priority Data:		
(71) Applicant *(for all designated States except US)*:		
(72) Inventor; and		Declaration under Rule 4.17:
(75) Inventor/Applicant *(for US only)*:		— of inventorship (Rule 4.17(iv))
		Published:
		— without international search report and to be republished upon receipt of that report
(74) Agent:		— the filing date of the international application is within two months from the date of expiration of the priority period
(81) Designated States *(unless otherwise indicated, for every kind of national protection available)*: AE, AG, AL, AM, AT, AU, AZ, BA, BB, BG, BH, BR, BW, BY, BZ, CA, CH,		For two-letter codes and other abbreviations, refer to the "Guidance Notes on Codes and Abbreviations" appearing at the beginning of each regular issue of the PCT Gazette.

(54) Title:

(57) Abstract:

表 2-1

PATENT COOPERATION TREATY

From the RECEIVING OFFICE

To:

PCT

**NOTIFICATION OF
DECISION ON REQUEST
TO RESTORE RIGHT OF PRIORITY**

(PCT Rule 26*bis*.3(h)(iii))

Date of mailing
(day/month/year)

Applicant's or agent's file reference

IMPORTANT NOTIFICATION

International application No. | International filing date/Date of receipt *(day/month/year)* | Priority date *(day/month/year)*

Applicant

Upon the request of the applicant:
☐ included in Form PCT/RO/101 at the time of filing of this international application, or
☐ received on _____
to restore the right of priority in respect of the following priority claim(s) _____
this receiving Office has decided:

☐ **to restore** the right of priority, based on the finding by this receiving Office that the criterion for restoration applied by it **is satisfied**, namely that the failure to file the international application within the priority period:
　☐ occurred in spite of due care required by the circumstances having been taken
　☐ was unintentional
　☐ The reasons are set out in the Annex to this form.

☐ **to refuse** the request to restore the right of priority, following issuance of the Notification of Intended Refusal of Request to Restore Right of Priority (Form PCT/RO/158) dated _____ for the following reason(s):

1. ☐ the request to restore the right of priority was not received within the applicable time limit under Rule 26*bis*.3(e).
2. ☐ the statement of reasons for the failure to file the international application within the priority period is missing or insufficient (Rule 26*bis*.3(b)(ii)).
3. ☐ a declaration in support of the statement of reasons for the failure to file the international application within the priority period is missing or insufficient (Rule 26*bis*.3(f)).
4. ☐ evidence in support of the statement of reasons for the failure to file the international application within the priority period is missing or insufficient (Rule 26*bis*.3(f)).
5. ☐ lack of or late payment of the fee for restoration (Rule 26*bis*.3(d)).
6. ☐ lack of a priority claim in respect of an earlier application in the international application as required under Rule 26*bis*.3(c).
7. ☐ any other reason(s) for refusal as set out in the Annex to this form.

A copy of this Notification is being sent to the International Bureau.

Name and mailing address of the receiving Office | Authorized officer

Facsimile No. | Telephone No.

Form PCT/RO/159 (July 2009)

表 2-2-1

ANNEX TO FORM PCT/RO/159

International application No.

This receiving Office has made the above decision(s) for the following reasons:

Form PCT/RO/159 (Annex) (July 2009)

表 2-2-2

第2章 国外申请人提交的中国专利申请

(12) INTERNATIONAL APPLICATION PUBLISHED UNDER THE PATENT COOPERATION TREATY (PCT)

(19) World Intellectual Property Organization
International Bureau

(43) International Publication Date

PCT

(10) International Publication Number

(51) International Patent Classification:

(21) International Application Number:

(22) International Filing Date:
(25) Filing Language: English
(26) Publication Language: English
(30) Priority Data:
US
US
US
US
US

(71) Applicant (for all designated States except US):

(72) Inventors; and
(75) Inventors/Applicants (for US only):

(74) Agents:

(81) Designated States (unless otherwise indicated, for every kind of national protection available): AE, AG, AL, AM, AT, AU, AZ, BA, BB, BG, BH, BR, BW, BY, BZ, CA, CH, CN, CO, CR, CU, CZ, DE, DK, DM, DO, DZ, EC, EE, EG, ES, FI, GB, GD, GE, GH, GM, GT, HN, HR, HU, ID, IL, IN, IS, JP, KE, KG, KM, KN, KP, KR, KZ, LA, LC, LK, LR, LS, LT, LU, LY, MA, MD, ME, MG, MK, MN, MW, MX, MY, MZ, NA, NG, NI, NO, NZ, OM, PG, PH, PL, PT, RO, RS, RU, SC, SD, SE, SG, SK, SL, SM, SV, SY, TJ, TM, TN, TR, TT, TZ, UA, UG, US, UZ, VC, VN, ZA, ZM, ZW.

(84) Designated States (unless otherwise indicated, for every kind of regional protection available): ARIPO (BW, GH,

[Continued on next page]

(54) Title:

表 2-3-1

GM, KE, LS, MW, MZ, NA, SD, SL, SZ, TZ, UG, ZM, ZW), Eurasian (AM, AZ, BY, KG, KZ, MD, RU, TJ, TM), European (AT, BE, BG, CH, CY, CZ, DE, DK, EE, ES, FI, FR, GB, GR, HU, IE, IS, IT, LT, LU, LV, MC, MT, NL, PL, PT, RO, SE, SI, SK, TR), OAPI (BF, BJ, CF, CG, CI, CM, GA, GN, GQ, GW, ML, MR, NE, SN, TD, TG).

Published:
— *with international search report*
— *before the expiration of the time limit for amending the claims and to be republished in the event of receipt of amendments*
— *with information concerning incorporation by reference of missing parts and/or elements*

(88) **Date of publication of the international search report:**
19 March 2009

表 2-3-2

RELATED APPLICATIONS

BACKGROUND OF THE INVENTION

The present invention relates to a single-use medical device and more particularly to a two-piece ophthalmic drug delivery device with a disposable tip end containing an improved plunger linkage and seal.

Several diseases and conditions of the posterior segment of the eye threaten vision. Age related macular degeneration (ARMD), choroidal neovascularization (CNV), retinopathies (e.g., diabetic retinopathy, vitreoretinopathy), retinitis (e.g., cytomegalovirus (CMV) retinitis), uveitis, macular edema, glaucoma, and neuropathies are several examples.

These, and other diseases, can be treated by injecting a drug into the eye. Such injections are typically manually made using a conventional syringe and needle. Figure 1 is a perspective view of a prior art syringe used to inject drugs into the eye. In Figure 1, the syringe includes a needle 105, a luer hub 110, a chamber 115, a plunger 120, a plunger shaft 125, and a thumb rest 130. As is commonly known, the drug to be injected is located in chamber 115. Pushing on the thumb rest 130 causes the plunger 120 to expel the drug through needle 105.

In using such a syringe, the surgeon is required to puncture the eye tissue with the needle, hold the syringe steady, and actuate the syringe plunger (with or without the help of a nurse) to inject the fluid into the eye. The volume injected is typically not controlled in an accurate manner because the vernier on the syringe is not precise relative to the small injection volume. Fluid flow rates are uncontrolled. Reading the vernier is also subject to parallax error. Tissue damage may occur due to an

INCORPORATED BY REFERENCE (RULE 20.6)

表2-4

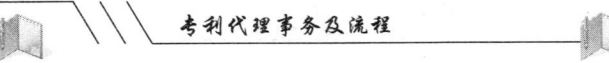

PATENT COOPERATION TREATY

From the RECEIVING OFFICE

To:	**PCT**
	NOTIFICATION ON DECISION OF CONFIRMATION OF INCORPORATION BY REFERENCE OF ELEMENT OR PART
	(PCT Rule 20.6(b) and (c))
	Date of mailing *(day/month/year)*
Applicant's or agent's file reference	**IMPORTANT NOTIFICATION**
International application No.	International filing date/Date of first receipt of papers *(day/month/year)*
Applicant	

This receiving Office has found that:

1. ☒ the requirements of Rules 4.18 and 20.6(a) have been complied with and that an element or part is considered to have been contained in the purported international application on the date on which one or more elements referred to in Article 11(1)(iii) were first received by this receiving Office (for further details on the international filing date accorded see Form PCT/RO/105 issued separately) (Rule 20.6(b)).

   This decision concerns page number(s) __see below__ of the international application received on __17 JUN 2008__.
   For the purposes of Rule 20.6(a)(ii), this decision has been based on:

   a. ☐ the priority document furnished under Rule 17.1(a), (b) or (b-*bis*).
   b. ☒ a copy of the earlier application as filed (Rule 20.6(a)(ii)).

2. ☐ the requirements of Rules 4.18 and 20.6(a) have not been complied with and that an element or part is not considered to have been contained in the purported international application on the date on which one or more elements referred to in Article 11(1)(iii) were first received by this receiving Office (Rule 20.6(c)), for the reasons indicated in the Annex to this form.

   This decision concerns page number(s) __See continuation sheet.__

For further details concerning the processing of the later submitted parts, only where item 2. applies, see Form PCT/RO/126.

A copy of this notification has been sent to the International Bureau.

Facsimile No.	Telephone No.

Form PCT/RO/114 (April 2007)

表 2-5-1

ANNEX TO FORM PCT/RO/114

International application No.

Continuation of item 2.: this receiving Office refuses the request for incorporation by reference of an element or part for the following reason(s):

☐ One or more of the following items is not available to the receiving Office and has not been submitted within the applicable time limit under Rule 20.7:

  ☐ a sheet or sheets embodying the entire element as contained in the earlier application or the part concerned (Rule 20.6(a)(i));

  ☐ a copy of the earlier application as filed (Rule 20.6(a)(ii));

  ☐ a translation of the earlier application (Rule 20.6(a)(iii));

  ☐ an indication as to where the missing part is contained in the earlier application and, where applicable, in any translation thereof (Rule 20.6(a)(iv));

☐ The missing element or part is not completely contained in the earlier application of which priority is claimed (*specify*):

☒ Additional comments, where necessary:

Sheets nos. 1-28 of the description, 29-35 of the claims, 36 of the abstract and drawing sheets nos. 1/15-15/15 filed 17 JUN 2008 are approved for entry under PCT Rule 20.6.

Form PCT/RO/114 (Annex) (April 2007)

表 2-5-2

第 3 章　PCT 国际申请事务

PCT 国际申请是向外国申请专利的途径之一，申请人按照《专利合作条约》（PCT）规定提出的一件 PCT 国际申请，可以在所有 PCT 成员国享有同一申请日，并且在 30 个月的期限内实际进入国家专利审查程序。

第 1 节　PCT 国际申请的实务操作

1　代理 PCT 国际申请应当满足的条件

中国的专利代理人可以被委托代理 PCT 国际申请国际阶段和国家阶段的事务。

1.1　申　请　人

发明人或申请人中有一个是中国国籍或在中国有长期居所的，就可以向国家知识产权局提出 PCT 国际申请。申请人可以是单位也可以是自然人。

中国国籍的申请人或在中国有长期居所的申请人一般应向国家知识产权局提出国际申请，也可以选择向国际局提交 PCT 国际申请，但需要注意的是，选择向国际局提交时，对于那些在中国完成的发明或实用新型应事先经过国家知识产权局的保密审查。选择向国家知识产权局提出 PCT 国际申请时，无需专门提出保密审查请求，国家知识产权局将对每一件国际申请进行保密审查。

1.2　提交 PCT 国际申请的语言

中文和英文都是国家知识产权局接受的申请语言，文件必须用中文或英文撰写。可以根据申请人的要求来确定国际申请的语言，一旦确定了申请的语言，国际申请提交时使用的语言也就确定了在国际阶段中所有文件使用的语言，包括与国际局或受理局来往信函和文件，必须使用与其一致的语言。国际公布的语言也随之确定为中文或英文。

1.3　提交的方式（纸件/电子方式）

国家知识产权局接受纸件形式的文件，申请人可以面交，也可以传真提交，传真提交后最好通过电话确认提交的文件是否完整，并在规定的期限内提交原件。国家知识产权局接受全电子方式的在线提交（SAFE），申请人采用全电子方式在线提交还可以享受国际局的费用减免。无论是纸件提交还是电子提交，都以国家知识产权局收到日为准。

1.4 提交的申请文件

国际申请文件包括请求书（PCT/RO/101 表）、说明书、权利要求书、摘要、附图，如果申请涉及氨基酸/核苷酸序列，还应包含氨基酸/核苷酸序列表等。如申请人委托代理机构办理，还需提交代理委托书。

1.5 应缴的费用

提交国际申请之后，要在规定的期限内缴纳国际局和受理局所规定的费用，如申请费、申请附加费（如果超出 30 页，超出部分需缴）传送费和检索费，优先权费（如果要求优先权），缴费时间应当不能超过自国际申请日起 1 个月。否则，受理局会发出通知，要求申请人在 1 个月期限内补交费用，但在此期间缴纳申请费用时还需要同时缴纳滞纳金。

2 PCT 国际申请前的准备工作

2.1 向申请人充分介绍 PCT 途径的利弊

从 PCT 体系的设计和目的中，我们可以很清楚地了解到 PCT 途径给申请人带来的好处是：简化申请手续、节省费用、可以较早获知申请的前景等。尤其是在申请人还没有明确需要在哪些国家获取专利保护，或者没有足够的时间考虑去哪些国家时，采用 PCT 国际申请，可以为申请人争取更多时间进行考察和准备。但申请人需要多支付一笔 PCT 国际阶段的费用，这笔费用是向外国申请专利寻求专利保护整个过程中额外的一笔费用，PCT 国际阶段的费用不能取代各国家阶段的费用。如果一件 PCT 国际申请进入外国国家很少，如少于 3 个，则 PCT 程序的优势就无法充分体现出来，或者最终没有进入国家阶段，则 PCT 国际阶段的费用与程序就有些浪费。

采取 PCT 途径，通俗地讲就是花钱买了更长的时间供申请人慎重考虑向外国申请专利保护事宜。当申请人要求提出 PCT 国际申请时，一定要向申请人了解其申请的目的、想法，帮助申请人正确理解 PCT 程序，要明确 PCT 国际阶段的工作只是 PCT 国际申请的一部分，更多的工作要在国家阶段去完成，在国家阶段的费用会更多。PCT 国际申请国际阶段的费用虽不多，但如果不进行或无法进行国家阶段的工作，国际阶段的工作与费用就等于白费。代理人在与申请人讨论以何种途径向外国申请专利时，要充分了解申请人的需求，向申请人充分介绍 PCT 程序，合理选择 PCT 途径，不要盲目推荐 PCT 途径。

2.2 明确指定的国家与保护类型

虽自 2004 年 1 月 1 日起，国际申请一提交就意味对所有成员国的指定，保护类型在进入国家阶段时再进行选择，但代理人在接受一件国际申请委托时，还是需要了解申请人希望在哪些国家寻求保护和寻求保护的类型，因为至今还有一定数量的国家不是 PCT 成员国，也不是所有成员国都有申请人所希望选择的保护类型。如果申请人特别要求保护的国家不是 PCT 成员国，就不能简单以完成一件 PCT 国际申请来满足申请人的要求。如没有特别要求，PCT 国际申请保护类型一般是指发明专利，具体保护类型可以在进入国家阶段时再予以明确。

2.3　确定是否有在先申请

如果申请人有在先的中国专利申请，且该申请又在优先权期限内，通常在提交国际申请时应该要求其优先权，这样就确定了 PCT 国际申请的提交期限必须在自优先权日起 12 个月内，同时也确定了该 PCT 国际申请的所有期限都是自优先权日计算，即其国际公布、国际检索报告以及进入国家阶段的期限都是从其优先权日起算。

申请人要求其国际申请享有优先权，专利代理人必须在优先权期限内提交 PCT 国际申请，但在申请内容上代理人仍要根据申请人要求和 PCT 国际申请的相关规定进行必要的修改和补充。

2.4　对申请人提供的交底文件进行撰写和修改

根据申请人提供的交底文件进行撰写和修改，是专利代理人最重要的工作。无论申请人是否在中国有在先的中国专利申请，在进行 PCT 国际申请的文件准备时，代理人都应充分利用 PCT 的相关规定进行撰写。因为在先的申请文本仅符合国家知识产权局的规定，一旦向外国申请，各国有不同的审查基准，所以可以对申请文件进行保护范围的调整和实施例的补充，为申请人争取更有利的保护。另外，在国际阶段的申请文件是以提交时的文件为基础，在提交以后的修改均以提交时的文本为基本范围，不能超出其范围。PCT 国际申请前的文件撰写与修改，是代理人特别重要的工作，但这部分内容不是本书关注的重点，这里只是强调代理人撰写和修改一定要在期限内完成，尤其是不能耽误优先权期限。

2.5　PCT 国际阶段费用与国家阶段的费用

PCT 国际阶段费用，除代理人的服务费外，主要包括：国际局收取的基本申请费、国际初审手续费（必要时）、申请附加费（申请文件页数超过 30 页时），受理局收取的传送费、优先权文件费，国际检索单位收取的国际检索费、附加检索费（缺乏单一性时），以及国际初审单位收取的初审费。PCT 国际阶段的费用主要是用来完成 PCT 国际阶段各项程序的。中国的申请人为自然人时，可以享受国际局给予的费用减免，也就是对国际局收取的费用只需缴纳 10%。PCT 国际阶段的费用不能代替进入国家阶段的各个国家的费用。相比之下，国际阶段费用并不多，真正需要较多费用是在国家阶段。在进入各个国家阶段时，还将产生根据这些国家的规定应缴的费用，而且缴纳这些费用是办理进入国家阶段手续的必要条件之一。进入国家阶段时还有各国代理人的服务费，以及申请文件翻译费等。为了将国际申请从国际阶段顺利进入到国家阶段，在提出 PCT 国际申请之初就要开始考虑其费用的筹措与安排。

2.6 签署相关文件

在 PCT 国际申请办理过程中需申请人签署的文件：

（1）PCT 国际申请的委托书：仅适用于国际阶段，在中国有标准格式范本（见表 3.3），需申请人签章。

（2）PCT 国际申请委托合同：这是明确代理人和申请人两方面的权利与义务的合同，它可以只规定国际阶段的事务，也可以包括国家阶段的事务。在委托合同中至少要明确是否需代理人进行申请文件的撰写或对申请文件内容的修改，是否有提交期限的要求，有关费用及支付方式等也应在委托合同中有明确体现。

（3）登记表：在提交 PCT 国际申请时，需要申请人和发明人的中英文名称与详细地址，为了准确填写相关表格，一般应要求申请人提供相关的信息主要有：申请人/发明人姓名或名称、申请人地址、发明人地址、在先申请号与在先申请日等。

3 PCT 国际申请文件的要求

提出一件 PCT 国际申请至少应向中国受理局提交下述文件。

3.1 国际申请请求书

纸件请求书是 PCT/RO/101 表，或者是 PCT–SAFE 系统的电子申请形式；这是国际申请最重要的文件之一，不可缺少。国际申请请求书每年都会更新，通常是在 1 月和 7 月有新版本的请求书，如有变化也会及时进行更新，所以应当注意选取用最新的请求书。

国际申请请求书的填写，无论是纸件形式还是电子形式，都要依据 PCT 实施细则第 4 条的要求逐一填写每一栏。国际申请请求书中至少要包括发明名称、申请人名称及地址、发明人名及地址、代理人信息，如果有优先权还应有优先权信息。用 PCT-SAFE 客户端可以帮助申请人制作出 PCT-SAFE 全电子的国际申请请求书和文件，并能协助进行是否满足形式要求的自动判断。从 2007 年 5 月 1 日起，国家知识产权局作为受理局正式接受 PCT-SAFE 全电子模式的国际申请网上提交。

国际申请请求书有中文版和英文版，申请人选择中文作为提交语言的，应使用中文版的请求书，在填写请求书时，发明名称、申请人及地址和发明人及地址等项目，除中文以外还需填写其相应的英文信息；申请人选择英文作为提交语言的，则要使用英文版请求书，填写请求书时可以只填写英文信息，如发明名称、申请人及地址和发明人及地址等。

对于第 V 栏，一般可不必勾选，但如果优先权来自德国、日本、韩国的在先申请，要注意与申请人确认是否需保持此在先申请的有效状态，如需保持在先申请的有效状态则要进行勾选。

在请求书中有五项声明，并非五项声明都必须填写，可根据申请人的需要选择填写，一般选用比较多的是Ⅷ（ⅲ）关于申请人有权要求在先申请的优先权的声明和Ⅷ（ⅳ）发明人资格的声明。代理人应注意声明中应有声明人的签字和日期。

3.2　专利说明书

说明书应以足够清楚和完整的方式显示请求保护的发明内容，达到使该技术领域的普通技术人员能够实现的程度。依据PCT实施细则第5条的规定，说明书的撰写方式分为六个部分，每一部分前要有小标题，一般分别为：技术领域、背景技术、发明内容、附图概述、本发明的最佳实施方式或本发明的实施方式、工业实用性。在撰写时可以充考虑适应各国要求，尽量留有按不同国家专利法的要求进行修改的空间。

3.3　权利要求书

权利要求书应当确定国际申请请求保护的主题。权利要求要有清楚、具体的描述，还应得到说明书的支持。权利要求书撰写要依据PCT实施细则第6条的规定，还要符合发明单一性的要求，也就是说，一份国际申请只能涉及一项发明或相互关联在一起并形成一个总的发明构思的一组发明（PCT实施细则第13.1条）。

3.4　摘　要

摘要是对说明书和权利要求书内容的概括，要尽可能简洁。以中文提交的国际申请，最好在提交中文摘要的同时附有英文摘要。摘要的内容与格式要求在PCT实施细则第8条中有明确规定。

3.5　附　图

流程图和图表都属附图。如果有附图，附图应符合PCT实施细则第7条规定。

3.6　序　列　表

如国际申请中有序列表，一般应作为说明书的单独部分提交。标题分别为：序列表或序列表自由内容（如果有）。序列表应符合PCT实施细则第5.2条要求。2012年7月生效的PCT行政规程涉及序列表提交模式：纸件国际申请提交纸件序列表的同时还应提交计算机可读形式的序列表，电子形式申请提交序列表的电子文档。如未按规定提交的，国际检索单位会发出通知要求补交，并会产生迟交费。

3.7　其他附加文件

代理委托书；优先权文件（如果有，中国在先申请可授权中国受理局办理）；生物材料保藏证明（如果涉及新的生物材料时）。

3.8　国际申请文件形式要求

国际申请所有文件一般只需提交一份。

国际申请文件顺序与《巴黎公约》途径申请稍有不同，顺序一般为：请求书、说明书、权利要求书、摘要、附图。说明书、权利要求书和摘要连续编页，附图单独编页；附加文件在最后。

国际申请的超页附加费计算包括请求书和说明书、权利要求书、附图。附加文件页数和费用计算页不计在内。

4 PCT 国际申请提交后的事务处理

4.1 对形式缺陷的补正

在 PCT 国际申请国际阶段，提交一件国际申请满足受理的最低要求并不意味着该国际申请就完全符合 PCT 的形式要求，受理局往往会对 PCT 国际申请中的一些形式缺陷给予补正的机会，这些能进行补正的内容和机会，专利代理人应特别清楚和重视，申请文件的一些形式要求必须符合 PCT 的相关规定。

PCT 第 14 条中所列举的国际申请中的形式缺陷，是可以通过补正程序来改正的缺陷：没有按 PCT 实施细则的规定签字；没有按规定载明申请人的情况；没有发明名称；没有摘要；以及不符合规定的形式要求（PCT 实施细则第 11 条），如附图中的文字说明使用了不同于说明书的语言等。对于上述缺陷，一般都会收到受理局发出改正缺陷的通知书，受理局会发出 PCT/RO/106 表要求申请人在规定的期限内改正，只要在规定的期限内完成补正克服缺陷，不会影响国际申请的正常程序与效力。但是，如果申请人期满没有进行补正，该国际申请即被视为撤回，所以，对于受理局在国际阶段发出的补正通知应足够重视。

收到受理局发出的改正国际申请中的缺陷的通知（PCT/RO/106 表）后，专利代理人应当注意受理局要求改正的内容和期限，通常是自改正国际申请中的缺陷的通知发文之日起 1 个月内。只要补正的文件是在规定的期限内提交的，不会影响 PCT 国际申请的正常程序进程。

在国际阶段提交补正，没有专门的表格，但每次补正应有一封给国际局或受理局的信函说明此次补正的内容。如需提交替换页，还应该在信函中说明替换页与被替换页之间的不同。

4.2 优先权要求的改正与增加

在提交了国际申请后如发现优先权日填写错误，申请人可以根据 PCT 实施细则第 26 条之二的规定，自优先权日起或变动了的优先权日起 16 个月内（以先到期限为准），向受理局提出改正请求，但仅限于对那些通过比较优先权文件就能明显看出的错误进行改正。如果受理局接受申请人在 16 个月内提出的改正请求并作出了更正，国际公布将公布正确的优先权日，并且所有从优先权日起计算的期限也将根据正确的优先权日重新计算。

需要注意的是，如果未能在规定的期限内作出改正，公布的优先权日将是请求表中指明的（错误的时间），在国际阶段再没有可改正该优先权日的机会了。申请人只能在进入国家阶段时分别向各指定国专利局提出改正请求，但这种改正请求并不是所有指定国专利局都允许的。

同样，对于在先申请号的错误，受理局也会对此发出要求改正的通知（PCT/RO/110 表）。无论是申请人主动改正还是收到受理局通知后的改正都必须在自优先权日起 16 个月内，或自国际申请日起 4 个月内（以先届满的为准），提交正确的在先申请号，向受理局请求改正。凡是提交了优先权的改正或增加的请求，都会收到 WIPO 国际局的确认通知（PCT/RO/111 表）。

4.3 遗漏文件的补交

在提交国际申请后如果发现申请文件中遗漏了说明书、权利要求书中的部分内容，或遗漏了重要的附图，在规定的期限内还是有可能进行补交并被接受。

对于遗漏的说明书、权利要求部分内容或附图有两条途径进行补交：

一是直接补交遗漏部分以使国际申请完整，但是这种补交遗漏内容的作业会导致更改国际申请日，受理局将以收到补交内容之日为重新确定的国际申请日。补交作业应该慎重，要仔细确定遗漏的内容是否必须进行补交，确定必须补交就要尽早完成补交作业，以减少申请人的损失。如果受理局针对遗漏项目发出了通知，申请人补交遗漏部分的期限是自该通知发文之日起 2 个月内。

二是如果国际申请要求了优先权，而且遗漏的说明书、权利要求书的部分内容或附图包含在先申请中的，申请人可以依据 PCT 实施细则第 4.18 条和第 20.6 条援引加入进行补交，这样可以保留原国际申请日。

依据 PCT 实施细则第 4.18 条和第 20.6 条援引加入的项目可以是说明书、权利要求书和附图，但是有些 PCT 成员国对援引加入条款是保留的，也就是通过援引加入条款补交的内容在进入国家阶段时将不被接受。

虽然在国际阶段有补交文件的机会，但无论如何作业都会给申请人造成或多或少的损失，所以，作为代理人在提交一件国际申请前要仔细核查应提交的文件内容，尽可能避免进行提交国际申请后的补交作业。

4.4 明显错误的更正

在 PCT 申请国际阶段，只有涉及 PCT 实施细则第 26 条规定的形式缺陷的修改，或者涉及 PCT 实施细则第 91 条规定的明显错误，申请人可以进行更正。

根据 PCT 实施细则第 91 条，申请人提出的国际申请或其他文件中有明显错误，可以请求更正。所谓明显错误，是指申请人在国际申请中由于某些明显误写的东西而造成的错误，而且更正本身也是明显的，即任何人都会立即领会除了提出更正的内容以外不可能是指其他内容。但对于那些遗漏了国际申请的整个部分或者整页内容的情况，即使明显地是由于在复印或装订时的疏忽，也不能进行更正。如果申请人请求更正明显错误，最晚应在自优先权日起 26 个月届满前送达受理局或国际局，以保证更正的内容能与国际申请一起公布。

根据 PCT 实施细则第 91 条的规定,上述的更正请求并不一定都能被允许,一旦被拒绝,在国际阶段则再无机会改正该明显错误,但仍可以书面形式请求国际局与国际申请一起公布该提交给受理局并被其拒绝改正请求的内容。根据 PCT 实施细则第 91.1(F)条的规定,该更正请求公布的行为,可使指定局/选定局得知该国际申请中含有错误,也使申请人在国家阶段改正该明显错误更为有利,请求国际局公布其不允许的改正的请求,必须在自优先权日起 17 个月前也就是在完成公布的技术准备前交达国际局,并要向国际局支付公布改正请求的特别费用。目前是 50 瑞朗,每超过一页加收 12 瑞朗,更正请求的费用也必须在完成国际公布技术准备以前缴纳。

4.5 对单一性的处理

PCT 国际申请也有单一性要求,一件国际申请应只涉及一项发明或者由一个总的发明构思联系在一起的一组发明。

如果国际检索单位(ISA)认为该国际申请缺乏发明单一性,审查员会发出该国际申请缺乏发明单一性的通知(PCT/ISA/206 表),并详细说明认为该国际申请不符合发明单一性要求的理由,同时指明应当缴纳附加检索费的数目及应当缴纳的费用金额。

收到缺乏单一性的通知后,申请人可以选择自通知发文之日起 1 个月内缴纳附加检索费(此期限不能延长),国际检索单位(ISA)将对国际申请进行全面检索并形成一份书面意见。申请人也可选择不缴纳检索附加费,后果是附加的发明主题将不会被检索,审查员仅对一个主题进行检索。

如果申请人对缺乏单一性的通知有异议,可以提出异议,但必须首先缴纳异议费和全部附加检索费,同时随附加费一起递交一份说明申请人认为该国际申请符合发明单一性要求的陈述。如果只提出异议未缴纳异议费,该异议被视为未提出。

根据申请人提出的异议请求,国际检索单位(ISA)将再次确定该国际申请是否符合发明的单一性要求。如果异议成立,即该国际申请符合发明的单一性要求,则申请人缴纳的异议费和检索附加费将全部退还给申请人。如果异议部分成立,即该国际申请中部分发明内容符合发明单一性要求,则退还部分检索附加费。如果异议不成立,即该国际申请缺乏发明单一性,则不退还申请人缴纳的异议费和全部附加费。

4.6 著录项目的变更

在国际阶段直接向国际局提出变更请求,变更的内容包括对国际申请的申请人、发明人、代理人的名称、译名、地址等事项提出变更。在国际阶段的变更手续简化,一般不需各种证明文件。变更请求可直接向国际局提交,也可以提交给受理局转交国际局。

上述变更的请求最晚要在自优先权日起 30 个月前向国际局提出。如不能在此期限前向国际局提出变更请求,就只能在国家阶段向各指定局提出变更请求。

需要注意的是，在国际阶段向国际局提出的著录事项变更请求，一般只需提交写明变更事项的信件，不需证明文件。例如，对申请人的英文名称进行更改，只需在给国际局的信函中说明原来的申请人英文名称有误，要求更改为正确的形式。如果是变更申请人的变更请求，应由新的申请人提出或其委托人提出，在变更请求的信函中说明原申请人变为新申请人的原因以及正确无误的新申请人的名称、地址等信息，最好随变更请求附有支持该变更的书面证据（如转让合同）和委托书等。如果是新增申请人，除了在请求变更的信函中说明新申请人的名称、地址等信息外，还应附有新增申请人的委托书。

无论何种项目变更请求，国际局在接收后会根据变更请求更改该国际申请在国际局信息，并发出PCT/IB/306表确认变更事项。

4.7 收到国际检索报告及书面意见后的处理

按照PCT第I章的程序，国际检索单位一般在制定国际检索报告的同时作出书面意见，对此申请人可以不进行回复。但申请人此时也可以利用此机会对申请文件中的权利要求内容进行修改，即根据PCT第19条和PCT实施细则第46条的修改。代理人应帮助申请人确定是否利用此次修改机会。

代理人在接到书面意见后，要认真阅读检索报告和书面意见，决定是否需针对检索报告进行依据PCT第19条对权利要求书的修改；决定是否需要向国际局提交非正式的书面陈述，主要是针对国际检索单位的书面意见提出的问题进行一些陈述。

如果确定要利用此次修改机会，还应注意下述事项：

（1）该修改文件应直接向国际局提出。

（2）该修改的时间：此次修改只允许在自国际检索报告发文日起2个月内或是自优先权日起16个月内提出。例如，优先权日是2010年1月1日，国际申请日是2010年12月31日，国际检索单位寄出检索报告日是2011年5月1日，那么申请人修改的期限应在2011年7月1日前，即在寄出检索报告日2个月内；又例如，一件PCT国际申请没有要求优先权，其国际申请日为2010年1月1日，国际检索单位寄出检索报告日为2010年10月1日，那么修改的最晚期限可以在2011年5月1日前，即自优先权日起16个月内。

在规定期限内提交的权利要求书修改将与国际申请一起进行公布。如果修改提交时国际公布的技术准备已完成，但只要修改是在国际检索报告传送日起2个月内提交的，修改的权利要求将与国际公布首页的更新版一起进行后期公布。

（3）修改权利要求的语言应与国际申请提交时所用的语言一致。此外，提交修改的权利要求时要同时提交一份声明信，指出修改后的权利要求与原始权利要求的不同之处，如删除了哪些权利要求，或修改哪项权利要求。说明权利要求书所作的修改并指出其对说明书和附图可能产生的影响，修改不应超出国际申请提出时公开的范围。

修改权利要求还应提交替换页，从 2009 年 7 月 1 日起生效的 PCT 实施细则规定，替换页应当是一套完整的权利要求书，即对权利要求书全部替换。并注明"按条约第 19 条（1）所作的修改"字样的标题，以供国际检索单位或国际初审单位辨认和工作。

（4）如果同时提交非正式书面陈述和根据 PCT 第 19 条所作的修改，必须分别单独使用纸页提交，非正式书面陈述应当清楚地标明"非正式书面陈述"，因为根据 PCT 第 19 条所作的修改将和国际申请一起公布，非正式书面陈述则不公布。自优先权日起 30 个月届满后，非正式书面陈述将作为国际申请文件的一部分提供给公众查阅。

4.8　利用国际初审程序对申请文件进行主动修改

在 PCT 申请国际阶段，申请人一般没有机会主动对整个申请文件进行修改，如果申请人想修改说明书中的内容，只能利用国际初审程序，即在自优先权日起 22 个月内（或者自作出国际检索报告之日起 3 个月，以后到期为准）提交国际初步审查要求书，启动国际初步审查程序，也就是使得该国际申请进行 PCT 第 II 章程序，可以提交根据 PCT 第 34 条进行的修改文件。

上述修改时机是申请人在国际阶段对权利要求、说明书等申请文件进行修改的重要机会。这种修改只有在要求了国际初审并缴纳初审阶段的各项费用后，在国际初步审查单位作出初审报告之前，申请人都有权以口头和书面方式与国际初步审查单位联系，并在规定的期限内对国际申请修改。修改可以涉及权利要求书、说明书和附图，除了改正明显的错误外，还可改动权利要求书、说明书或者附图，包括删除某些权利要求，删去说明书中某些段落，或者删去某些附图，但所有修改都不应超出国际申请原始提交时的范围。

申请人可以在提出国际初步审查要求的同时或之后进行主动修改，一般建议是在提出初审要求时同时提交修改。在收到国际初审单位发出的书面意见后，申请人还可以对其进行答辩或修改权利要求书、说明书，其期限一般自书面意见通知发文之日起 2 个月内。如果需要的话，该答辩或修改期限可以延长，但不能晚于国际初审单位起草初审报告的时间。

注意事项：

（1）该修改文件需向国际初审单位提交。

（2）该修改的文件及书信语言应与公布时使用的语言一致。

（3）该修改必须要有一封针对修改的说明信函与修改的替换页一起提交，涉及修改部分的每一页，都应当提交替换页，且在提交修改文件的信函中一一说明被替换页与替换页之间的差别，并解释修改的原因和理由。如果修改是删去某些段落或是小的改动或增加，该替换页可以是带有改动或增加修改标记的相关页的复印件，该复印件应清晰并可直接复制。如果修改结果导致整页删除，该修改也应在给国际初审单位的信函中提出并说明修改的原因理由。从 2009 年 7 月 1 日起生效的 PCT 实施细则规定，修改的权利要求还应当是一套完整的权利要求书的替换页，即对权利要求书全部替换。并注明"按 PCT 第 34 条所作的修改"字样的标题，以供国际初审单位辨认和工作。

第 2 节　在 PCT 申请国际阶段应关注的事项

1　在 PCT 申请国际阶段注意事项

1.1　PCT 申请国际阶段的时限

虽然 PCT 途径为申请人提供了比较简化的专利申请程序，但对申请人、受理局、国际检索单位、国际初步审查单位，都有一些必须严格遵守的期限。作为专利代理人必须注意这些重要的期限，以便向申请人介绍这些期限的意义与重要性。因此，从接受申请人委托时起，PCT 国际申请的期限就要建立并实施监控，以保证每一件 PCT 国际申请顺利完成国际阶段的各项程序。

将 PCT 国际申请在国际阶段需特别注意的重要期限归纳如下：

（1）提交 PCT 国际申请期限：应在优先权日起 12 个月届满前提出 PCT 国际申请，取得国际申请日。

（2）获得国际检索报告的时间：申请人一般在自优先权日起 16 个月，或自国际检索单位收到检索本之日起 9 个月，以后到期的为准，可以收到国际检索报告。

（3）根据 PCT 第 19 条修改权利要求书的期限：自国际检索报告传送日起 2 个月内，或自优先权日起 16 个月内，以后到期的为准，提交该修改。

（4）PCT 国际申请的国际公布时间：一般是自优先权日起 18 个月时进行国际公布。

（5）提出国际初步审查要求的时间：自优先权日起 22 个月内，或自收到国际检索报告和书面意见之日起 3 个月内，以后到期的为准。

（6）根据 PCT 第 34 条修改的时间是：提交初审要求的同时或在收到书面意见后 1 个月内，至迟在国际初审单位作出初审报告之前。

（7）获得国际专利性初审报告的时间：一般是自优先权日起 28 个月内，或自启动国际初步审查之日起 6 个月内，以后到期的为准。

（8）进入国家阶段的时间：自优先权日起 30 个月前。但对 PCT 第 22.1 条修改继续保留的国家除外，这些国家为：卢森堡、坦桑尼亚、乌干达，这些国家进入国家阶段的时间为自优先权日起 20 个月前。

（9）延误进入国家阶段的恢复期限：自优先权日起 42 个月内。但对该 PCT 实施细则第 49.6 条仍持保留的国家除外，这些国家为：加拿大、中国、德国、欧洲专利局、英国、克罗地亚、印度、日本、韩国、拉脱维亚、墨西哥、新西兰、菲律宾、波兰、新加坡。

作为专利代理人对上述期限要非常清楚，并且知道如何计算这些期限。其中，对于申请人最重要的期限是：提交 PCT 国际申请的期限、提出国际初审的期限、进入国家阶段的期限。代理人必须事先对于这三个重要期限建立期限监视，在期限前通知申请人，不能延误，一旦延误就会给申请人带来不可挽回的损失。

1.2 PCT 相关救济条款的慎用

1.2.1 恢复优先权

根据自 2007 年 4 月 1 日生效的 PCT 实施细则的修改，在提交国际申请时有优先权要求的，但未能在自优先权日起 12 个月内提交的，中国受理局可以接受要求恢复优先权的请求，但最晚不能超过自优先权日起 14 个月，依据的条款是 PCT 实施细则第 26 条之二.3。

在请求恢复优先权时，还必须注意如下要求：

（1）在申请文件中表明了在先申请的优先权的要求和信息。

（2）提供一份专门的说明，表述未能在优先权 12 个月期限内提交国际申请的原因。

（3）缴纳优先权恢复费用，1 000 元人民币。

（4）提交支持未在优先权期限内提交国际申请的声明或相关证据。

国家知识产权局作为受理局，接受"适当注意"合理理由和"非故意"理由两种理由提出优先权恢复。对于"非故意"理由，申请人需要说明并非故意在优先权期限内没有提交国际申请，非故意的证据不易获得的情况下可以不需要提供证据；对于"适当注意"合理理由，申请人需要说明并证明尽管采取了必要的措施，但是由于某些合理的情况致使未能满足优先权期限的要求，还需要提交声明和相关证据，证明所说的理由原因。

办理优先权恢复最好在提交国际申请的请求书中专门为此目的设立的第Ⅵ栏"优先权"提出。如果单独提交，只能通过信件方式提出请求（无专门表格）。提出恢复优先权请求后，受理局会发出 PCT/RO/159 表告知是同意恢复优先权还是拒绝恢复优先权。

需要注意的是：第一，并非所有恢复优先权的请求都能获得批准，无论哪种理由请求优先权恢复，都存在不被允许的风险。第二，即使在国际阶段获得受理局的认可，同意恢复优先权，但在进入国家阶段时，有些成员国是不接受据此条款给予的优先权恢复。目前，国家知识产权局作为指定局就对此条款予以保留。所以，虽然国际申请所有期限均按其优先权日计算，但在进入中国国家阶段后不能享受优先权，在审查过程中无疑对申请人是非常不利的。

1.2.2 援引加入

（1）有关援引加入的条款（PCT 实施细则第 4.18 条和第 20 条）。

申请人在递交国际申请时遗漏了某些项目或部分，可以通过援引在先申请中的相应部分的方式加入，并仍可保留原申请日。所述"项目"是指全部说明书或者全部权利要求，所述"部分"是指部分说明书、部分权利要求或者全部或者部分附图。

这一条款适用的条件是：

① 该国际申请中已经要求该在先申请的优先权；

② 在先申请中应包含这些遗漏的项目或部分（PCT 实施细则第 20.6 条）；

③ 申请人应当在规定的期限内及时确认援引加入的项目或部分（PCT 实施细则第 20.6 条和第 20.7 条）。该条款适用的期限为申请人递交国际申请之日起 2 个月或受理局发出改正通知的发文日起 2 个月（PCT 实施细则第 20.7 条）。

利用此条款时，申请人需要递交的文件包括：

① 一份确认援引加入的书面通知，用来确认根据 PCT 实施细则第 4.18 条援引加入国际申请的项目或部分；

② 遗漏项目或部分的相应页；

③ 在先申请文件的副本；

④ 如果优先权文件与国际申请语言不同时还需要提交译文；

⑤ 此外，还需指明遗漏部分在优先权文件中的位置。

如果上述条件没有全部满足的话，受理局将以最后提交文件的日期来重新确定国际申请日或者申请人可以请求对遗漏部分不予考虑。

受理局在收到申请人确认援引加入以后，会发出确认援引项目或部分决定的通知书（PCT/RO/114 表），在其中会有接收援引加入内容的时间和具体内容。凡是通过援引加入的，在国际公布时会在扉页中有所体现（如：with information concerning incorporation by reference of missing parts and/or elements）。

（2）并非所有成员国都接受援引加入条款。

受理局或指定局均可对此条款作出保留。中国作为受理局接受了这一条款，但作为指定局对该条款予以保留。这就意味着在国际阶段利用这一条款的 PCT 国际申请在进入中国国家阶段时，对于通过援引优先权文件的方式加入的项目或部分而保留原国际申请日的，国家知识产权局将不予认可。同时，像欧洲专利局及日本、韩国等国在作为受理局或指定局时对此条款也都进行了保留。鉴于此，建议申请人应当慎重利用该条款，在首次递交国际申请时，申请文件应尽可能地准备完整、准确，避免出现遗漏，从而避免带来不必要的损失。

1.3 国际初步审查程序的启动

国际初步审查程序在 PCT 申请国际阶段并不是一个必经的程序，而是由申请人决定选择的程序，也就是只有在申请人提出国际初步审查要求后才进行的一个程序。如果申请人选择进行国际初步审查，就必须在自优先权日起 22 个月内，或者自国际检索单位向申请人传送国际检索报告和书面意见之日起 3 个月内，以后到期的为准，提出国际初步审查要求,并缴纳相应的手续费和要求书才能启动国际初步审查程序。

由于国际初审是一个由申请人选择的程序,因此,作为专利代理人一定要帮助申请人确定是否决选择国际初审程序。自 2004 年 1 月 1 日起,国际初审程序不再是专门为申请人为了延长进入国家阶段期限的考虑因素而制定的程序,更多的考虑应当从该 PCT 国际申请文件是否需要在国际阶段进行修改出发,因为只有在提出国际初审要求的同时或以后,申请人才能对 PCT 国际申请文件进行修改,该修改才能被国际初审单位考虑并进行初步审查。所以,专利代理人必须从申请人的利益考虑是否建议申请人提出国际初步审查要求,这也是我们常讲的是否考虑根据 PCT 第 34 条进行修改。

申请人要求国际初步审查时需要提交国际初步审查要求书,即 PCT/IPEA/401 表,该要求书的填写应符合 PCT 实施细则第 53 条的规定,并需缴纳相应的费用。

在国际初步审查程序中,申请人对答复国际初审单位的意见所作出的工作,实际上使得在所有 PCT 成员国中对该国际申请进行了提前审查,也可以认为这是一种经济有效的方式。当申请人决定进入多数 PCT 成员国的国家阶段时,国际初审程序对消除检索报告和国际检索单位书面意见中的一些问题更为有利,并有可能缩短各国家局的审查周期,加快授权。因此,对于任何一件附有检索报告和国际检索单位书面意见的国际申请,是否需要提出初步审查的关键是权衡使用该程序所付出的代价是否值得,以及该程序是否能给申请人带来想要得到的益处。

1.4 主动撤回国际申请通常在国际公布的准备完成前提出

一件国际申请提出后,申请人想要撤回是可以的。由于国际申请的公布最早是自优先权日起 18 个月,所以主动撤回的请求应在此日期前 15 日,也就是在国际公布的技术准备工作完成前尽早将各种撤回请求通知国际局,最好使用"关于撤回请求"的 PCT/IB/372 表。撤回请求必须经由全体申请人签字,或者由全体申请人委托的代理人签字,撤回请求可以使用传真的方式通知国际局。国际局收到申请人的撤回请求,会发出 PCT/IB/307 表确认已被撤回。

1.5 进入国家阶段的准备

一般在收到国际检索报告以后,代理人就应该考虑与申请人讨论国际申请进入国家阶段的事务。主要事务如下:进入国家的最后确定及费用的筹措;进入国家的顺序设定(这与费用有一定的关联)。对于国际申请文件的翻译准备工作。

2 必须收到的 PCT 官方文件

2.1 受理局发出的文件

PCT/RO/105 表:国际申请号和国际申请日通知书。

2.2 WIPO 国际局发出的文件

PCT/IB/301 表:确认申请文件。

PCT/IB/304 表：确认优先权文件（如果有优先权）。

PCT/ISA/220 表：传送国际检索报告和书面意见通知。

PCT/ISA/237 表：国际检索单位书面意见。

PCT/ISA/210 表：国际检索报告。

PCT/IB/311 表：国际公布。

PCT/IB/308 表：对指定局的通知。

PCT/IB/326 表：传送国际初审报告Ⅰ通知。

PCT/IB/373 表：国际初审报告Ⅰ（"国际检索单位的书面意见"（PCT/ISA/237 表）），国际局将在国际检索单位出具的书面意见上粘贴相应的封面，作为专利性国际初步报告（PCT 第Ⅰ章）传送给指定局。

PCT/IB/338 表：国际初审报告Ⅰ英译。

PCT/IPEA/402 表：收到国际初审要求（如果提交了初审要求）。

PCT/IB/332 表：对选定局的通知（如果提交了国际初审要求，进入第Ⅱ章）。

PCT/IPEA/416 表：传送国际初审报告通知。

PCT/IPEA/409 表：专利性国际初审报告Ⅱ（有修改的附件）国际初审单位的审查员将作出国际初步审查报告（IPER，即"专利性国际初审报告"）（PCT 第Ⅱ章），该审查报告将由国际局转发给选定局。

3 PCT 国际申请的案例与样页

3.1 PCT 国际申请请求书

纸件请求书 101 表❶和电子 SAFE 请求书格式。

---

❶ 本书所附的 PCT/RO/101 表未包含"请求书表格（PCT/RO/101）的说明"部分。完整的 2012 年版 PCT/RO/101 表下载地址为 http：//www.wipo.int/pct/zh/request/ed_request.pdf。

 第3章 PCT国际申请事务

PCT

请 求 书

下列签字人请求按照
专利合作条约的规定处理本国际申请

由 受 理 局 填 写
国际申请号
国际申请日
受理局名称和"PCT国际申请"
申请人或代理人的档案号 （如果有）（限12个字符内）

第 I 栏	发明名称

第 II 栏	申请人	☐ 该人也是发明人

姓名（或名称）和地址：（姓在前，名在后；法人应填写正式全称。地址应包括邮政编码和国名。如果下面未指明居所，则本栏中指明的地址的所属国即为申请人的居所（国家名称）。）	电话号码
	传真号码
	申请人登记号

电子邮件授权：标注下列方格之一即授权受理局、国际检索单位、国际局和国际初步审查单位，如果其愿意，使用本栏中指明的电子邮件地址发送有关本国际申请的通知书：
☐ 作为随后纸件通知书的预送本；或　　☐ 仅使用电子形式（随后将不邮寄纸件通知书）
电子邮件地址：

国籍（国家名称）：	居所（国家名称）：

该人是对下列 国家的申请人：	☐ 所有指定国	☐ 补充栏中注明的国家

第 III 栏	其他申请人和/或（其他）发明人
☐ 其余申请人和/或发明人注明在续页中。

第 IV 栏	代理人或共同代表；或通信地址

下列人员被/已被委托为代表申请人在主管国际单位办理事务的： ☐ 代理人　☐ 共同代表

姓名（或名称）和地址：（姓在前，名在后；法人应填写正式全称。地址应包括邮政编码和国名。）	电话号码
	传真号码
	代理人登记号

电子邮件授权：标注下列方格之一即授权受理局、国际检索单位、国际局和国际初步审查单位，如果其愿意，使用本栏中指明的电子邮件地址发送有关本国际申请的通知书：
☐ 作为随后纸件通知书的预送本；或　　☐ 仅使用电子形式（随后将不邮寄纸件通知书）
电子邮件地址：

☐ **通信地址**：如果未委托/未委托过代理人或共同代表，并把上栏中的地址作为通信地址，在此方格作出标记。

PCT/RO/101表（第1页）（2012年9月16日）　　　　　参见请求书表格的说明

第___页

第Ⅲ栏　　其他申请人和/或（其他）发明人	
如果以下各小栏均未使用，请求书中不应包括此页	
姓名（或名称）和地址：（姓在前，名在后；法人应填写正式全称。地址应包括邮政编码和国名。如果下面未指明居所，则本栏中指明的地址的所属国即为申请人的居所（国家名称）。）	该人是： ☐ 申请人 ☐ 申请人和发明人 ☐ 发明人（如果选择此方格不必填写以下诸项。） 申请人登记号
国籍(国家名称)：　　　　　居所(国家名称)：	
该人是对下列国家的申请人：　☐ 所有指定国　　☐ 补充栏中注明的国家	
姓名（或名称）和地址：（姓在前，名在后；法人应填写正式全称。地址应包括邮政编码和国名。如果下面未指明居所，则本栏中指明的地址的所属国即为申请人的居所（国家名称）。）	该人是： ☐ 申请人 ☐ 申请人和发明人 ☐ 发明人（如果选择此方格不必填写以下诸项。） 申请人登记号
国籍(国家名称)：　　　　　居所(国家名称)：	
该人是对下列国家的申请人：　☐ 所有指定国　　☐ 补充栏中注明的国家	
姓名（或名称）和地址：（姓在前，名在后；法人应填写正式全称。地址应包括邮政编码和国名。如果下面未指明居所，则本栏中指明的地址的所属国即为申请人的居所（国家名称）。）	该人是： ☐ 申请人 ☐ 申请人和发明人 ☐ 发明人（如果选择此方格不必填写以下诸项。） 申请人登记号
国籍(国家名称)：　　　　　居所(国家名称)：	
该人是对下列国家的申请人：　☐ 所有指定国　　☐ 补充栏中注明的国家	
姓名（或名称）和地址：（姓在前，名在后；法人应填写正式全称。地址应包括邮政编码和国名。如果下面未指明居所，则本栏中指明的地址的所属国即为申请人的居所（国家名称）。）	该人是： ☐ 申请人 ☐ 申请人和发明人 ☐ 发明人（如果选择此方格不必填写以下诸项。） 申请人登记号
国籍(国家名称)：　　　　　居所(国家名称)：	
该人是对下列国家的申请人：　☐ 所有指定国　　☐ 补充栏中注明的国家	
☐ 其余申请人和/或发明人注明在另一续页中。	

PCT/RO/101 表（续页）（2012 年 9 月 16 日）　　　　　　参见请求书表格的说明

第___页

补充栏 如果未使用本补充栏，请求书中不应包括此页。

1. 如果本表格的栏目(第 Ⅷ(i)至(v)因有专用续栏除外)之一 **不能包含全部信息**：在这种情况下，写明"续第___栏"[注明栏号]，并按原栏目的填写要求标明有关情况，特别是：

   （i）**如果申请人和/或发明人在一个以上**，但未使用"续页"：在这种情况下，写明"续第Ⅲ栏"，并按第Ⅲ栏的要求标明每一个补充的人员情况。如果下面未指明居所，则本栏中指明地址的所属国为申请人的居所（国家名称）

   （ii）如果在第Ⅱ栏或第Ⅲ栏的任一小栏中，方格"**补充栏中注明的国家**"被作出标记：在这种情况下，写明"续第Ⅱ栏"或"续第Ⅲ栏"，或"续第Ⅱ栏和第Ⅲ栏"（根据情况），以及有关的申请人姓名或名称，并在每一姓名或名称旁注明该人是其申请人的国家的名称(和/或，必要时，是 ARIPO 专利，欧亚专利，欧洲专利或 OAPI 专利)；

   （iii）如果第Ⅱ栏或第Ⅲ栏的任一小栏中，**发明人或者发明人/申请人不是对全部指定国的发明人**：在这种情况下，写明"续第Ⅱ栏"或"续第Ⅲ栏"，或"续第Ⅱ栏和第Ⅲ栏"（根据情况），以及发明人姓名，并在每一姓名旁注明该人是其发明人的国家的名称(和/或，必要时，是 ARIPO 专利，欧亚专利，欧洲专利或 OAPI 专利)；

   （iv）如果除在第Ⅳ栏注明的代理人外，**还有其他代理人**：在这种情况下，写明"续第Ⅳ栏"，并以与第Ⅳ栏所要求的相同的方式注明每一个其他的代理人的情况；

   （v）如果在第Ⅵ栏中 **要求三项以上在先申请的优先权**：在这种情况下，写明"续第Ⅵ栏"，并按与第Ⅵ栏所要求的相同的方式注明每一个在先申请的情况。

2. 如果申请人意图表明希望国际申请在某些指定国作为增补专利、增补证书、增补发明人证书或增补实用证书：在这种情况下，写明所涉及的每个指定国的名称或两字母代码并标明**增补专利**"、"**增补证书**"、" **增补发明人证书**"**或** "**增补实用证书**"，主申请号、主专利号或其他主权利号，和主专利、其他主权利的授权日或主申请的申请日（细则 4.11(a)(i)和 49 之二.1(a)或(b)）。

3. 如果申请人意图表明希望国际申请在美国作为在先申请的继续或部分继续，在这种情况下，写明"美国"或"US"并标明"**继续**"或"**部分继续**"和主申请的申请号和申请日（细则 4.11(a)(ii)和 49 之二.1(d)）。

PCT/RO/101 表（补充页）（2012 年 9 月 16 日） 　　　　　　　　　　　　　　　　参见请求书表格的说明

第___页

第 V 栏	指定

根据细则 4.9(a)，提交本请求书即为，指定在国际申请日受 PCT 约束的所有成员国，以要求获得可以获得的所有保护类型，适用情况下，要求获得地区专利和国家专利。

但是

☐ DE　不为国家保护指定德国

☐ JP　不为国家保护指定日本

☐ KR　不为国家保护指定韩国

（以上选项只可用于（不可悔改地）排除对有关国家的指定，如果本国际申请在提交时或者在根据细则 26 之二.1 的后续程序中，第 VI 栏包含有对在该有关国家提出的在先国家申请的优先权要求，以避免被要求优先权的该在先国家申请因国家法律而停止效力。）

第 VI 栏	优先权要求和文件

要求下列在先申请的优先权

在先申请的申请日（日/月/年）	在先申请的申请号	在先申请是:		
		国家申请: 国家或WTO成员	地区申请: 地区专利局	国际申请: 受理局
(1)				
(2)				
(3)				

☐ 其它优先权要求在补充栏中指明。

提交优先权文件：

☐ 请**受理局**准备并向国际局传送上面指明的在先申请的证明副本（仅当提交在先申请的受理局是本国际申请的受理局）：

　　☐ 全部　　☐ 第(1)项　　☐ 第(2)项　　☐ 第(3)项　　☐ 其它，见补充栏

☐ 请**国际局**用下面指明的查询码（在适用的情况下）从数字图书馆获取上面指明的在先申请的证明副本（如果国际局可以从数字图书馆获取该在先申请）：

　　☐ 第(1)项　　　☐ 第(2)项　　　☐ 第(3)项　　　☐ 其它，见补充栏

　　查询码_____　　查询码_____　　查询码_____

恢复优先权：请受理局恢复上面指明的或补充栏中指明的第___项在先申请的优先权（参见第 VI 栏的说明；必须提供进一步的信息，以支持恢复优先权的要求。）

援引加入：如果条约 11（1）(iii)（d）或（e）规定的国际申请的某一项目，或者细则 20.5(a)规定的说明书，权利要求书或附图的某一部分不包含在本国际申请中，但是全部包含在一个在先申请中，并且在受理局首次收到条约 11（1）(iii)规定的一个或多个项目之日要求了该在先申请的优先权，则该项目或该部分可以依据细则 20.6 确认，为细则 20.6 的目的援引加入到本国际申请中。

第 VII 栏	国际检索单位

国际检索单位(ISA)的选择(如果有一个以上主管国际检索单位可以进行国际检索，请填写所选择的单位，可用双字母代码表示)：

ISA/

PCT/RO/101 表（第2页）(2012 年 9 月 16 日)　　　　　　　　　　　　　参见请求书表格的说明

第___页

续第 Ⅶ 栏 在先检索结果的利用，在先检索的情况

☐ 请第 Ⅶ 栏中指明的国际检索单位考虑下面指明的在先检索的结果（参见第Ⅶ栏的说明；一个以上在先检索结果的利用）。

申请日(日/月/年)	申请号	国家(或地区专利局)

☐ **声明(细则 4.12(ii))**：除了，在适用的情况下，提交申请的语言不同，本国际申请与已进行了在先检索的申请相同或实质上相同。

☐ **文件的获得**：下列文件，国际检索单位能够以其可以接受的形式和方式得到，因此无需申请人向国际检索单位提交(细则 12 之二.1(f))：
　　☐ 在先检索结果的副本，*
　　☐ 在先申请的副本，
　　☐ 使用国际检索单位接受的语言的在先申请的译文，
　　☐ 使用国际检索单位接受的语言的在先检索结果的译文，
　　☐ 在先检索结果中引用的任何文件的副本。(如果知道的话，请在下面写明哪个文件国际检索单位可以得到)：

☐ **传送在先检索结果和其他文件的副本**(如果在先检索**不是**由上面指明的国际检索单位作的，而是由和受理局为同一个局的单位作的)：请**受理局**准备并向国际检索单位传送(细则 12 之二.1(c))：
　　☐ 在先检索结果的副本，*
　　☐ 在先申请的副本，
　　☐ 在先检索结果中引用的任何文件的副本。

*如果在先检索结果既无法从数字图书馆得到又不由受理局传送，则申请人须向受理局提交该副本(细则 12 之二.1(a))(参见清单第 11 项并参见第 Ⅶ 栏的说明)。

申请日(日/月/年)	申请号	国家(或地区专利局)

☐ **声明(细则 4.12(ii))**：除了，在适用的情况下，提交申请的语言不同，本国际申请与已进行了在先检索的申请相同或实质上相同。

☐ **文件的获得**：下列文件，国际检索单位能够以其可以接受的形式和方式得到，因此无需申请人向国际检索单位提交(细则 12 之二.1(f))：
　　☐ 在先检索结果的副本，*
　　☐ 在先申请的副本，
　　☐ 使用国际检索单位接受的语言的在先申请的译文，
　　☐ 使用国际检索单位接受的语言的在先检索结果的译文，
　　☐ 在先检索结果中引用的任何文件的副本。(如果知道的话，请在下面写明哪个文件国际检索单位可以得到)：

☐ **传送在先检索结果和其他文件的副本**(如果在先检索**不是**由上面指明的国际检索单位作的，而是由和受理局为同一个局的单位作的)：请**受理局**准备并向国际检索单位传送(细则 12 之二.1(c))：
　　☐ 在先检索结果的副本，*
　　☐ 在先申请的副本，
　　☐ 在先检索结果中引用的任何文件的副本。

*如果在先检索结果既无法从数字图书馆得到又不由受理局传送，则申请人须向受理局提交该副本(细则 12 之二.1(a))(参见清单第 11 项并参见第 Ⅶ 栏的说明)。

☐ 其余在先检索注明在续页中。

第Ⅷ栏　声明

第 Ⅷ (i) 到(v)栏包括下列**声明**（标注下面适用的方格并且在右栏中指明每种声明的份数）：	声明的份数
☐ 　Ⅷ 栏(i)　　关于发明人身份的声明	:
☐ 　Ⅷ 栏(ii)　 关于申请人在国际申请日有权申请和被授予专利的声明	:
☐ 　Ⅷ 栏(iii)　关于申请人在国际申请日有权要求在先申请的优先权的声明	:
☐ 　Ⅷ 栏(iv)　 发明人资格声明（仅为指定美国目的）	:
☐ 　Ⅷ 栏(v)　　关于不影响新颖性的公开或缺乏新颖性的例外的声明	:

PCT/RO/101 表（第3页）(2012 年 9 月 16 日)　　　　　　　　　　　　　　　参见请求书表格的说明

第___页

第Ⅷ(i)栏声明:发明人身份
声明必须与规程211条的标准语句一致；参见第Ⅷ栏、第Ⅷ(i)到(v)栏的说明（概述）和第Ⅷ(i)栏的专门说明。如果不使用本栏，则请求书中不应包括此页。
关于发明人身份的声明(细则 4.17(i)和 51 之二.1(a)(i))：
☐ 本声明下转声明续页中"续第Ⅷ(i)栏"。

PCT/RO/101 表（声明页（i））(2012 年 9 月 16 日)　　　　　参见请求书表格的说明

第___页

第Ⅷ(ii)栏 声明：有权申请和被授予专利
声明必须与规程212条的标准语句一致；参见第Ⅷ栏、第Ⅷ(i)到(v)栏的说明（概述）和第Ⅷ(ii)栏的专门说明。 如果不使用本栏，则请求书中不应包括此页。
当根据细则4.17(iv)的声明不适用时，关于申请人在国际申请日有权申请和被授予专利的声明(细则4.17(ii)和51之二.1(a)(ii))：
☐ 本声明下转声明续页中"续第Ⅷ（ii）栏"。

PCT/RO/101表（声明页（ii））(2012年9月16日)　　　　　　　　　　　　　　　　参见请求书表格的说明

第___页

第Ⅷ(iii)栏　声明：有权要求优先权
声明必须与规程213条的标准语句一致；参见第Ⅷ栏、第Ⅷ(i)到(v)栏的说明(概述)和第Ⅷ(iii)栏的专门说明。 如果不使用本栏，则请求书中不应包括此页。
关于申请人在国际申请日有权要求下面指明的在先申请优先权的声明，如果该申请人不是在先申请的申请人，或在提交在先申请后申请人的姓名进行了变更。(细则4.17(iii)和51之二.1(a)(iii))：
☐ 本声明下转声明续页中"续第Ⅷ(iii)栏"。

PCT/RO/101表（声明页（iii））(2012年9月16日)　　　　　　　　　　　　　　　参见请求书表格的说明

第___页

第Ⅷ(iv)栏 声明：发明人资格声明（仅为指定美国目的）

声明必须与规程 214 条的标准语句一致；参见第 Ⅷ栏、第 Ⅷ(i)到(v)栏的说明（概述）和第 Ⅷ(iv)栏的专门说明。
如果不使用本栏，则请求书中不应包括此页。

发明人资格声明 (细则 4.17(iv)和 51 之二.1(a)(iv))
为指定美国目的：

我在此声明我相信我是本申请中要求保护的发明的原始发明人或者共同的原始发明人。

本声明是关于本国际申请的，且是本国际申请的一部分（如果本声明与国际申请一起提出）。

本声明是关于 PCT/_____ 号国际申请的（如果本声明是根据细则 26 之三提供的）。

我在此声明上述国际申请由我申请或由我授权他人申请。

我在此承认本申请中任何故意作假的声明将依据《美国法典》第 18 篇第 1001 条 (United States Code (U.S.C.)) 受到罚款或不多于五(5)年的监禁或二者并罚的惩罚。

姓名: _____

居所: _____
(城市, 美国的州(如适用)或国家)

邮寄地址: _____
_____
_____

发明人的签字: _____ **日期:** _____
（该签字必须是发明人的签字，而不是代理人的签字）

姓名: _____

居所: _____
(城市, 美国的州(如适用)或国家)

邮寄地址: _____
_____
_____

发明人的签字: _____ **日期:** _____
（该签字必须是发明人的签字，而不是代理人的签字）

姓名: _____

居所: _____
(城市, 美国的州(如适用)或国家)

邮寄地址: _____
_____
_____

发明人的签字: _____ **日期:** _____
（该签字必须是发明人的签字，而不是代理人的签字）

☐ 本声明下转声明续页中"续第Ⅷ(iv)栏"。

PCT/RO/101 表（声明页（iv））（2012 年 9 月 16 日） 参见请求书表格的说明

第___页

第Ⅷ(v)栏　声明：不影响新颖性的公开或缺乏新颖性的例外的声明
声明必须与规程 215 条的标准语句一致；参见第 Ⅷ栏、第 Ⅷ(i)到(v)栏的说明(概述)和第 Ⅷ(v)栏的专门说明。如果不使用本栏，则请求书中不应包括此页。
关于不影响新颖性的公开或缺乏新颖性的例外的声明(细则 4.17(v)和 51 之二.1(a)(v))：
☐ 本声明下转声明续页中"续第Ⅷ（v）栏"。

PCT/RO/101 表（声明页（v））（2012 年 9 月 16 日）　　　　　　　　　　　参见请求书表格的说明

第___页

续第Ⅷ(i)至(v)栏　声明

如果在任何从第Ⅷ(i)到(v)栏中，没有足够页面填写所有的内容，包括第Ⅷ(iv)栏中，有多于两个发明人需指明时，应填写"续第Ⅷ……栏"（指明栏号），并且应按照其所在栏目的要求填写没有写下的内容。如果有两个或两个以上声明需附加页时，每份声明都应使用单独的续栏。如果不使用本栏，则请求书中不应包括此页。

PCT/RO/101表（声明续页）（2012年9月16日）　　　　　　　　　　　　　　　参见请求书表格的说明

第___页

第Ⅸ栏　纸件申请的清单——此页仅在以纸件提交国际申请时使用

本国际申请包括：	页数	本国际申请**还附有**下列文件(标注下面适用的方格，并且在右栏指明每种文件的份数)	份数
(a) 请　求　书 PCT/RO/101 　（包括任何声明页和补充页）：		1.☐　费用计算页	：
		2.☐　原始单独委托书	：
(b) 说　明　书 　（不包括说明书的任何序列表 　部分，见下面 (f)） ：		3.☐　原始总委托书	：
		4.☐　总委托书副本；登记号：	：
(c) 权　利　要　求　：		5.☐　在第Ⅵ栏中以项码　　　注明的优先权文件	：
(d) 摘　　　　要　：		6.☐　国际申请的译文（语言）：	：
(e) 附　　图（如果有） ：		7.☐　关于微生物或其它生物材料保藏的单独说明	：
(f) 说明书序列表部分 　（如果有） ：		8.☐　根据细则13之三，**仅为国际检索的目的**，不作为 　　　国际申请的一部分，用物理数据载体提交的电子形 　　　式序列表(附件 C/ST. 25 文本文件)（物理数据载体 　　　的类型和数目）	：
————————		9.☐　确认"根据细则13之三提交的以电子形式记录的信 　　　息与包含在国际申请中以纸件提交的序列表相同" 　　　的声明	：
总　　　计　：		10.☐　在先检索结果副本（细则12之二.1(a)）	：
		11.☐　其他（具体说明）：	：

建议把图号为___的附图和摘要一起公布。	提交国际申请的语言：

第Ⅹ栏　申请人、代理人或共同代表签字或盖章
在每一签字旁注明签字人姓名，如果从请求书中看不出此人的职务，还要注明此人是以什么名义签字的。

由 受 理 局 填 写

1. 据称的国际申请的实际收到日期：		2. 附图：
3. 由于随后在期限内收到使据称的国际申请 　 完整的文件或附图，而更改的实际收到日期：		☐ 收到：
4. 在期限内收到根据 PCT 　 第 11 条(2)进行的改正的日期：		☐ 未收到：
5. 国际检索单位(如果有两个或多个主管单位)： 　　　　　　　　ISA/	6. ☐ 推迟到缴纳检索费后传送检索本	

由 国 际 局 填 写

国际局收到登记本的日期：

PCT/RO/101 表（末页-纸件）（2012 年 9 月 16 日）　　　　　　　　　　　　　　　　　　　　参见请求书表格的说明

第 3 章 PCT 国际申请事务

本页不是国际申请的组成部分，也不计作国际申请的一页

PCT
费用计算页
请求书附件

由受理局填写

国际申请号

申请人或代理人的档案号

受理局日期印章

申请人

规定费用的计算

1. 传送费 .... T

2. 检索费 .... S

   由 _____ 进行国际检索。
   (如果该国际申请有几个主管国际检索单位，写明被选择进行国际检索的国际检索单位的名称。)

3. 国际申请费
   填写第 IX 栏总页数： _____ 页

   | i1 | 前 30 页 | | | i1 |

   | i2 | 超过 30 的页数 | X | 每页附加费 | = | i2 |

   把 i1 和 i2 的数额相加，总数填入 I 栏中 I

   (某些国家的申请人有权减缴 90% 的国际费，如果申请人(或所有申请人)有此权利，把总额的 10%
   填入 I 栏中。)

4. 优先权文件费 (如果有的话) .... P

5. 优先权恢复费 (如果有的话) .... RP

6. 在先检索文件费 (如果有的话) .... ES

7. 应缴费用总额 _____

   把 T、S、I、P、RP 和 ES 栏数额相加，
   并将结果填入总计栏

   总计

缴费方式 (并非所有受理局都允许使用这些缴费方式)

☐ 授权从存款或往来账户中扣除 (参见下面)　☐ 邮政汇款　☐ 信用卡 (应单独另页提供信息)　☐ 现金

☐ 支票　　　　　　　　　　　　　　　　　☐ 银行汇款　☐ 印花税票　　　　　　　　　　　　　　☐ 其他 (明确指出)

存款或往来账户扣除 (或存入) 费用的授权
(并非所有受理局都允许使用这种缴费方式)

☐ 授权扣除上面指明的费用总额。
☐ 授权扣除上面指明的费用总额中不足部分或
    存入多余部分 (仅在受理局的存款或往来账户允许的条件下
    此方格可作标记)。
☐ 授权扣除优先权文件费。

受理局：RO/

存款或往来账户账号：

日期：

姓名：

签字：

PCT/RO/101 表 (附件) (2012 年 9 月 16 日)

参见费用计算页的说明

· 67 ·

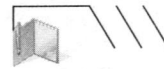

GPI10TW0839E

PCT REQUEST

Print Out (Original in Electronic Form)

0	For receiving Office use only	
0-1	International Application No.	
0-2	International Filing Date	
0-3	Name of receiving Office and "PCT International Application"	
0-4	Form PCT/RO/101 PCT Request	
0-4-1	Prepared Using	PCT-SAFE Version 3.51.044.220 MT/FOP 20100101/0.20.5.18
0-5	Petition The undersigned requests that the present international application be processed according to the Patent Cooperation Treaty	
0-6	Receiving Office (specified by the applicant)	State Intellectual Property Office of the People's Republic of China (RO/CN)
0-7	Applicant's or agent's file reference	GPI10TW0839E
I	Title of Invention	INTEGRATED CIRCUITS, COMMUNICATION UNITS AND METHODS OF CANCELLATION OF INTERMODULATION DISTORTION
II	Applicant	
II-1	This person is	Applicant only
II-2	Applicant for	All designated States except US
II-4	Name	MEDIATEK SINGAPORE PTE. LTD.
II-5	Address	20, Ayer Rajah Crescent #04-01 139964 Singapore
II-6	State of nationality	SG
II-7	State of residence	SG
III-1	Applicant and/or inventor	
III-1-1	This person is	Applicant and inventor
III-1-2	Applicant for	US only
III-1-4	Name (LAST, First)	PRATT, Patrick
III-1-5	Address	Gortnagreige Mallow Co. Cork Ireland
III-1-6	State of nationality	IE
III-1-7	State of residence	IE

PCT REQUEST

Print Out (Original in Electronic Form)

III-2	Applicant and/or inventor	
III-2-1	This person is	Applicant and inventor
III-2-2	Applicant for	US only
III-2-4	Name (LAST, First)	PLUMB, William
III-2-5	Address	78 Beche Road, Cambridge, CB5 8HU United Kingdom
III-2-6	State of nationality	AU
III-2-7	State of residence	GB
III-3	**Applicant and/or inventor**	
III-3-1	This person is	Applicant and inventor
III-3-2	Applicant for	US only
III-3-4	Name (LAST, First)	GAULT, Sophie
III-3-5	Address	Flat 7, 90 Chesterton Road, Cambridge, CB4 1ER United Kingdom
III-3-6	State of nationality	FR
III-3-7	State of residence	GB
III-4	**Applicant and/or inventor**	
III-4-1	This person is	Applicant and inventor
III-4-2	Applicant for	US only
III-4-4	Name (LAST, First)	CHUNG, Pei-Shiun
III-4-5	Address	12F, No. 111, Hsing-Hua St., San-Chung City, Taipei Hsien Taiwan China
III-4-6	State of nationality	CN
III-4-7	State of residence	CN

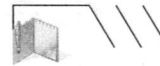

GPI10TW0839E

PCT REQUEST

Print Out (Original in Electronic Form)

IV-1	Agent or common representative; or address for correspondence	Agent
	The person identified below is hereby/ has been appointed to act on behalf of the applicant(s) before the competent International Authorities as:	
IV-1-1	Name	BEIJING SANYOU INTELLECTUAL PROPERTY AGENCY LTD.
IV-1-2	Address	16th Fl., Block A, Corporate Square No.35 Jinrong Street Beijing 100033 China
IV-1-3	Telephone No.	86-10-88091921
IV-1-4	Facsimile No.	86-10-88091920
IV-1-5	e-mail	sy@san-you.com
IV-1-5(a)	E-mail authorization	Yes
	The receiving Office, the International Searching Authority, the International Bureau and the International Preliminary Examining Authority are authorized to use this e-mail address to send, if the Office or Authority so wishes, advance copies of notifications in respect of this international application.	
IV-1-6	Agent's registration No.	11127
V	**DESIGNATIONS**	
V-1	The filing of this request constitutes under Rule 4.9(a), the designation of all Contracting States bound by the PCT on the international filing date, for the grant of every kind of protection available and, where applicable, for the grant of both regional and national patents.	
VI-1	Priority claim of earlier national application	
VI-1-1	Filing date	11 February 2010 (11.02.2010)
VI-1-2	Number	12/704,499
VI-1-3	Country	US
VI-2	Incorporation by reference :	
	where an element of the international application referred to in Article 11(1)(iii)(d) or (e) or a part of the description, claims or drawings referred to in Rule 20.5(a) is not otherwise contained in this international application but is completely contained in an earlier application whose priority is claimed on the date on which one or more elements referred to in Article 11(1)(iii) were first received by the receiving Office, that element or part is, subject to confirmation under Rule 20.6, incorporated by reference in this international application for the purposes of Rule 20.6.	

GPI10TW0839E

PCT REQUEST

Print Out (Original in Electronic Form)

VII-1	International Searching Authority Chosen	State Intellectual Property Office of the People's Republic of China (ISA/CN)	
VIII	**Declarations**	Number of declarations	
VIII-1	Declaration as to the identity of the inventor	–	
VIII-2	Declaration as to the applicant's entitlement, as at the international filing date, to apply for and be granted a patent	–	
VIII-3	Declaration as to the applicant's entitlement, as at the international filing date, to claim the priority of the earlier application	1	
VIII-4	Declaration of inventorship (only for the purposes of the designation of the United States of America)	–	
VIII-5	Declaration as to non-prejudicial disclosures or exceptions to lack of novelty	–	

PCT REQUEST

Print Out (Original in Electronic Form)

VIII-3-1	**Declaration: Entitlement to claim priority** Declaration as to the applicant's entitlement, as at the international filing date, to claim the priority of the earlier application specified below, where the applicant is not the applicant who filed the earlier application or where the applicant's name has changed since the filing of the earlier application (Rules 4.17(iii) and 51bis.1(a)(iii))	In relation to this international application
	Name	MEDIATEK SINGAPORE PTE. LTD. is entitled to claim priority of earlier application No. 12/704,499 by virtue of the following:
VIII-3-1(ii)		MEDIATEK SINGAPORE PTE. LTD. is entitled as employer of the inventor, PRATT, Patrick
VIII-3-1(ii)		MEDIATEK SINGAPORE PTE. LTD. is entitled as employer of the inventor, PLUMB, William
VIII-3-1(ii)		MEDIATEK SINGAPORE PTE. LTD. is entitled as employer of the inventor, GAULT, Sophie
VIII-3-1(ii)		MEDIATEK SINGAPORE PTE. LTD. is entitled as employer of the inventor, CHUNG, Pei-Shiun

GPI10TW0839E

PCT REQUEST

Print Out (Original in Electronic Form)

IX	Check list	Number of sheets	Electronic file(s) attached
IX-1	Request (including declaration sheets)	6	✓
IX-2	Description	40	✓
IX-3	Claims	5	✓
IX-4	Abstract	1	✓
IX-5	Drawings	8	✓
IX-7	TOTAL	60	
	Accompanying Items	Paper document(s) attached	Electronic file(s) attached
IX-8	Fee calculation sheet	–	✓
IX-11	Copy of general power of attorney	–	Reference no. 029295
IX-18	PCT-SAFE physical media	–	–
IX-20	Figure of the drawings which should accompany the abstract	3	
IX-21	Language of filing of the international application	English	
X-1	Signature of applicant, agent or common representative	(PKCS7 Digital Signature)	
X-1-1	Name	BEIJING SANYOU INTELLECTUAL PROPERTY AGENCY LTD.	
X-1-2	Name of signatory	REN, Mowen	
X-1-3	Capacity	Attorney	

FOR RECEIVING OFFICE USE ONLY

10-1	Date of actual receipt of the purported international application	
10-2	Drawings:	
10-2-1	Received	
10-2-2	Not received	
10-3	Corrected date of actual receipt due to later but timely received papers or drawings completing the purported international application	
10-4	Date of timely receipt of the required corrections under PCT Article 11(2)	
10-5	International Searching Authority	ISA/CN
10-6	Transmittal of search copy delayed until search fee is paid	

FOR INTERNATIONAL BUREAU USE ONLY

11-1	Date of receipt of the record copy by the International Bureau	

3.2 SAFE 提交收据

Receipt of Electronic Submission

It is hereby acknowledged that a PCT International Application has been received via the Secure Electronic Submission System of the SIPO. Upon receipt, an Application Number and a Date of Receipt (Administrative Instructions, Part 7) have been automatically assigned.

Submission Number:	14838		
Application Number:	PCT/CN2010/073049		
Date of Receipt:	21 May 2010		
Receiving Office:	State Intellectual Property Office of the People's Republic of China		
Your Reference:	GPI10TWO839E		
Applicant:	MEDIATEK SINGAPORE PTE. LTD.		
Number of Applicants:	5		
Title:	INTEGRATED CIRCUITS, COMMUNICATION UNITS AND METHODS OF CANCELLATION OF INTERMODULATION DISTORTION		
Documents Submitted:	GPI10TWO839E-abst.txt	746	21 May 2010 14:58:42
	GPI10TWO839E-appb-P000001.pdf	383856	20 May 2010 14:20:56
	GPI10TWO839E-appb.xml	925	21 May 2010 14:58:44
	GPI10TWO839E-cgpa-000001.xml	496	21 May 2010 14:58:42
	GPI10TWO839E-cgpa-I000001.pdf	718568	20 May 2010 14:21:14
	GPI10TWO839E-decl.xml	1501	21 May 2010 14:58:44
	GPI10TWO839E-fees.xml	2586	21 May 2010 14:58:44
	GPI10TWO839E-othd-000001.pdf	579138	20 May 2010 14:15:04
	GPI10TWO839E-requ.xml	5095	21 May 2010 15:00:08
	GPI10TWO839E-vlog.xml	7070	21 May 2010 14:58:44
	pct101.GML	3483	21 May 2010 14:58:38
Signed by:	EMAILADDRESS=olivia_zhouzhou@hotmail.com, CN=You San, OU="www.verisign.com/repository/CPS Incorp. by Ref., LIAB.LTD(c)99", OU=WIPO Customer CA, O=World Intellectual Property Organization		

Timestamp of Receipt:	21 May 2010 15:36
Official Digest of Submission:	4A:88:34:F9:36:60:6F:7D:FC:F8:99:09:30:EE:9C:96:FA:D8:56:B8

/Beijing, RO/CN/

GPI10TW0839E

PCT (ANNEX - FEE CALCULATION SHEET)

Print Out (Original in Electronic Form)
(This sheet is not part of and does not count as a sheet of the international application)

0	For receiving Office use only			
0-1	International Application No.			
0-2	Date stamp of the receiving Office			
0-4	Form PCT/RO/101 (Annex) PCT Fee Calculation Sheet			
0-4-1	Prepared Using	PCT-SAFE Version 3.51.044.220 MT/FOP 20100101/0.20.5.18		
0-9	Applicant's or agent's file reference	GPI10TW0839E		
2	Applicant	MEDIATEK SINGAPORE PTE. LTD.		
12	Calculation of prescribed fees	Fee amount/multiplier	Total amounts (CNY)	Total amounts (EQF)
12-1	Transmittal fee T	⇨	500	
12-2-1	Search fee S	⇨	2100	
12-2-2	International search to be carried out by	CN		
12-3	International filing fee (first 30 sheets) i1	1330 EQF		
12-4	Remaining sheets	30		
12-5	Additional amount (X)	15 EQF		
12-6	Total additional amount i2	450 EQF		
12-7	i1 + i2 = i	1780 EQF		
12-12	Electronic Filing reduction (Image) R	EQF-200		
12-13	Total International filing fee (i-R) I	⇨		1580
12-14	Fee for priority document Number of priority documents requested	0		
12-15	Fee per document (X)	150 CNY		
12-16	Total priority document fee: P	⇨		
12-17	Fee for restoration of priority rights RP Number of requests for restoration of priority rights	0		
	Total amount of fees for restoration of priority rights			
12-19	TOTAL FEES PAYABLE (T+S+I+P+RP)	⇨	2600	1580

GPI10TW0839E

PCT (ANNEX - FEE CALCULATION SHEET)
Print Out (Original in Electronic Form)
(This sheet is not part of and does not count as a sheet of the international application)

12-21	Mode of payment	Authorization to charge current account
12-22	Current account instructions	
	The receiving Office	State Intellectual Property Office of the People's Republic of China (RO/CN)
12-22-1	Authorization to charge the total fees indicated above	✓
12-22-2	Authorization to charge any deficiency or credit any overpayment in the total fees indicated above	✓
12-23	Current account No.	000000
12-24	Date	21 May 2010 (21.05.2010)
12-25	Name and signature	BEIJING SANYOU INTELLECTUAL PROPERTY AGENCY LTD, /sanyou/

3.3 国际申请委托书

委 托 书
POWER OF ATTORNEY

根据国家知识产权局"关于实施《专利合作条约》的规定"第三十二条规定，兹委托_____公司代为办理名称为_____的发明创造，向国家知识产权局提出国际申请，以及该申请在国际程序中（包括受理局、国际检索单位、国际局和国际初步审查单位）的全部事宜。

委托人 _____ （盖章或签字）

委托单位代表人 _____ （盖章或签字）

委托日期 _____

Pursuant to Article 32 of "the Regulations on the Implementation of Patent Cooperation Treaty" by the Patent Office of the People's Republic of China, I/We, citizen/legal entity of _____, hereby entrust (Address: P. R. China) to apply for a patent entitled _____ with the Patent Office of the People's Republic of China. The above-mentioned agency has been entrusted to handle all the matters in the international procedures (including in the Receiving Office, the International Searching Authority, the International Bureau and the International Preliminary Examination Authority).

Name of applicant: _____ (Signature and typewriting)

Name of the representative of legal entity: _____ (Signature and typewriting)

On _____, ××××

（以下由专利代理机构填写）

专利代理机构指定_____、_____为该申请的代理人。

　　　　被委托专利代理机构：　　　　　　　　　公司（印章）

Seal of the Agency entrusted:

　　　　　　　　　　　　　　　　　　　　Date: _____

3.4 国际初审请求书

要求书必须直接向主管国际初步审查单位提出或者，如果有二个或二个以上主管单位，由申请人选择其一。申请人应当在下面横线上指明该单位的全称或两个字母的代码：

IPEA/_____

PCT

国 际 初 步 审 查 要 求 书

根据专利合作条约第31条：下面的签字人请求对下述国际申请按照专利合作条约进行国际初步审查

第 II 章

──────── 由国际初步审查单位填写 ────────

国际初步审查单位	收到要求书日期

第I栏　国际申请事项

		申请人或代理人的档案号：
国际申请号	国际申请日（日/月/年）	（最早的）优先权日（日/月/年）

发明名称

第II栏　申请人

姓名（或名称）和地址：（姓在前，名在后；法人应该填写正式全称。地址应包括邮政编码和国名。）	电话号码：
	传真号码：
	申请人在该局的登记号：

电子邮件授权： 标注下列方格之一即授权国际局和国际初步审查单位，如果其愿意，使用本栏中指明的电子邮件地址发送有关本国际申请的通知书：
□ 作为随后纸件通知书的预送本；或　□ 仅使用电子形式（随后将不邮寄纸件通知书）
电子邮件地址：_____

国籍（即，国家名称）：	居所（即，国家名称）：

姓名（或名称）和地址：（姓在前，名在后；法人应该填写正式全称。地址应包括邮政编码和国名。）

国籍（即，国家名称）：	居所（即，国家名称）：

□ 其余申请人注明在续页中。

PCT/IPEA/401表格（首页）(2011年7月)　　　　　　　　　　　参见国际初步审查要求书的说明

第　　页　　　　　　　　　国际申请号：

续第Ⅱ栏　申 请 人

如果以下各小栏均未使用，国际初步审查要求书不应包括此页

姓名（或名称）和地址：（姓在前，名在后；法人应该填写正式全称。地址应包括邮政编码和国名。）	
国籍（即，国家名称）	居所（即，国家名称）

姓名（或名称）和地址：（姓在前，名在后；法人应该填写正式全称。地址应包括邮政编码和国名。）	
国籍（即，国家名称）	居所（即，国家名称）

姓名（或名称）和地址：（姓在前，名在后；法人应该填写正式全称。地址应包括邮政编码和国名。）	
国籍（即，国家名称）	居所（即，国家名称）

姓名（或名称）和地址：（姓在前，名在后；法人应该填写正式全称。地址应包括邮政编码和国名。）	
国籍（即，国家名称）	居所（即，国家名称）

☐ 其余申请人注明在另一续页中。

PCT/IPEA/401(续页)　(2011年7月)　　　　　　　　　　　参见国际初步审查要求书的说明

第 　 页　　　　　　　国际申请号：

第Ⅲ栏　代理人或共同代表；或通信地址

下面写明的人是：　☐ 代理人　　　　☐ 共同代表

并且　☐ 是早先已经委托的，他在国际初步审查中也代表申请人。

☐ 是通过本文件委托的，任何在先委托的代理人或共同代表因此而被撤消。

☐ 是除在先已委托的代理人或共同代表外，通过本文件专门为国际初步审查程序委托的。

姓名（或名称）和地址：（姓在前，名在后；法人应该填写正式全称。地址应包括邮政编码和国名。）	电话号码：
	传真号码：
	代理人在该局的登记号：

电子邮件授权：标注下列方格之一即授权国际局和国际初步审查单位，如果其愿意，使用本栏中指明的电子邮件地址发送有关本国际申请的通知书：

☐ 作为随后纸件通知书的预送本；或　　☐ 仅使用电子形式（随后将不邮寄纸件通知书）

电子邮件地址：_____

☐ 通信地址：如果未委托/未委托过代理人或共同代表，并把上栏中注明的地址作为通信的专门地址，在此方格中作出标记。

第Ⅳ栏　国际初步审查的基础

关于修改的声明：[*]

1. 申请人希望在下列文件基础上开始国际初步审查：

　　☐ 原始提交的国际申请。

　说明书　☐ 原始提交的

　　　　　☐ 根据条约 34 条修改的

　权利要求　☐ 原始提交的

　　　　　　☐ 根据条约 19 条修改的

　　　　　　☐ 根据条约 34 条修改的

　附图　☐ 原始提交的

　　　　☐ 根据条约 34 条修改的

2. ☐ 申请人希望根据条约 19 条对权利要求的任何修改被认为取消。

3. ☐ 如果国际初审单位希望根据细则 69.1(b) 的规定，在国际检索的同时启动国际初审，申请人可以要求国际初步审查的开始时间**推迟**到细则 69.1(d) 规定的期限届满。

4. ☐ 申请人明确希望在细则 54 之二.1(a) 规定的期限届满前**提早开始**国际初步审查。

[*] 如果未对任何方格作出标记，国际初步审查在原始提出的国际申请基础上开始，或者，如果国际初步审查单位在开始起草书面意见或国际初步审查报告之前收到依据条约第 19 条对权利要求的修改或依据条约第 34 条对国际申请文件的修改的副本，将在这样修改的国际申请基础上进行。

为了国际初步审查的语言： _____

☐ 是提交国际申请的语言。

☐ 是为了国际检索的目的提供译文的语言。

☐ 是国际申请公布的语言。

☐ 是为了国际初步审查的目的提供译文的语言。

第Ⅴ栏　国家的选定

本要求书的提交相当于选定所有被指定并受 PCT 第Ⅱ章约束的成员国。

PCT/IPEA/401(续表) (2011 年 7 月)　　　　　　　　　　参见国际初步审查要求书的说明

| | | 第　　页 | 国际申请号： |

第Ⅵ栏　清单

国际初步审查目的，国际初步审查要求书附有使用第Ⅳ栏中提到的语言的下列文件：

由国际初步审查单位填写

　　　　　　　　　　　　　　　　　　　　　　　　　　已收到　　未收到

1. 国际申请的译文　　　　　　　　　　　　：　　　页　☐　☐
2. 根据条约 34 条的修改　　　　　　　　　：　　　页　☐　☐
3. 随条约 34 条修改的信件（细则 66.8）　　：　　　页　☐　☐
4. 根据条约 19 条的修改的副本
   （或者译文，如果需要的话）　　　　　　：　　　页　☐　☐
5. 随条约 19 条修改的信件的副本
   （细则 46.5(b) 和 53.9）　　　　　　　　：　　　页　☐　☐
6. 根据条约 19 条的任何声明
   的副本（细则 62.1(ii)）
   （或者译文，如果需要的话）　　　　　　：　　　页　☐　☐
7. 其他（明确指出）：　　　　　　　　　　：　　　页　☐　☐

国际初步审查要求书还附有下列作出标记的文件：

1. ☐ 费用计算页　　　　　　　5. ☐ 缺签字的解释
2. ☐ 委托书　　　　　　　　　6. ☐ 电子形式的序列表
3. ☐ 总委托书　　　　　　　　7. ☐ 其他（明确指出）：
4. ☐ 总委托书附本

　　　档案号（如果有的话）：

第Ⅶ栏　申请人、代理人或共同代表的签字或盖章

在每一签字旁注明签字人的姓名，（如果从国际初步审查要求书中看不出此人的职务，还要注明此人是以什么名义签字的。）

由国际初步审查单位填写

1. 国际初步审查要求书的实际收到日期：

2. 在按照细则 60.1(b) 进行改正的情形下，
   收到国际初步审查要求书的改正的日期：

3. ☐ 国际初步审查要求书是在自优先权日起 19 个月后收到的，并且不适合下面 4 或 5 的情形。
   ☐ 为此已经通知申请人。

4. ☐ 国际初步审查要求书是在自优先权日起 19 个月的期限根据细则 80.5 延长的期间内收到的。

5. ☐ 国际初步审查要求书是在自优先权日起 19 个月后收到的，但按细则 82 这种延迟是可以宽恕的。

6. ☐ 国际初步审查要求书是在细则 54 之二.1(a) 规定的期限届满后收到的，并且不适合下面 7 或 8 所规定的情形。

7. ☐ 国际初步审查要求书是在细则 54 之二.1(a) 规定的期限根据细则 80.5 延长的期间内收到的。

8. ☐ 国际初步审查要求书是在细则 54 之二.1(a) 规定的期限届满后收到的，但按细则 82 这种延迟是可以宽恕的。

由国际局填写

于下列日期从国际初步审查单位收到国际初步审查要求书：

PCT/IPEA/401(末页) (2011 年 7 月)　　　　　　　　　　参见国际初步审查要求书的说明

3.5 补正格式函（中文）

致　国家知识产权局 PCT 处：
国际申请号：PCT 国际申请号
国际申请日：PCT 国际申请日
申　请　人：申请人中文名称 1
发明名称：中文发明名称

关于上述国际申请，

对于给您工作带来的不便，我们表示歉意！谢谢！

　　　　　　　　　　　　　　　　公司名称：×××
　　　　　　　　　　　　　　　××××年××月××日

3.6 变更请求格式函（英文）

××，××，××××

Processing Team ×××× Our Ref.：
THE INTERNATIONAL BUREAU OF WIPO Page（s）：1
34，chemin des Colombettes Via Fax
1211 Geneva 20，Switzerland Fax：0041 22 338 82 70

Dear Sir/Madam，

Re：PCT Patent Application No.：
International Filing Date：
Applicant：

Please be kindly advised that the applicant for the present international application decided to transfer the application right to additional applicants, so we request the IB to record a change – of – applicant status as follows：

Two new applicants for all designated states except for US：

××××× 有限公司
××××× CO. LTD

中国
P. R. China

YYYYY 公司
YYYYY CO. LTD

中国
P. R. China

（发明人）status are amended to be the inventor and applicant for US only.

We look forward to receiving the form IB/306 in the near future.
Yours very truly,

第3节 PCT 相关法规与修改信息

1 关注 PCT 的发展

PCT 及其实施细则不断在修改、完善，其宗旨就是要让更多的申请人来使用 PCT，使 PCT 程序更为人们所接受。经常关注 PCT 的发展与变化，是专利代理人必需具备的良好习惯之一，也是认真做好 PCT 专利代理工作的重要内容之一。

2 注意 PCT 修改的条款的适用情况

PCT 或 PCT 实施细则的条款在修改生效后，并不一定会在所有成员国生效，往往会有一些成员国对其保留，也有一些国家因与本国专利法有冲突而暂时保留，所以专利代理人在关注 PCT 条款修改的同时，还要关注这些条款是否是在所有成员国适用，如果不是所有成员国适用，就要注意在哪些成员国处于保留状况。例如，对于 2001 年 PCT 联盟大会 10 月 3 日作出的 PCT 第 22.1 条的修改，中国一开始就属于保留的国家之一，自 2003 年 2 月 1 日起中国才取消保留，至 2011 年年底仅有 3 个成员国对此条款保留。又如，PCT 实施细则第 26 条之二.3 到 2011 年年底还完全保留的（无论是作为受理局还指定局）有 13 个国家，作为受理局接受但作为指定局保留的有 8 个国家，中国是其中之一。又如 PCT 实施细则第 49.6 条（f）款与本国法不一致的 PCT 成员国开始有 18 个，至 2011 年年底还有 11 个成员国保留，我国申请人常关注的国家如加拿大、德国、日本、韩国、印度等国专利局还在此款保留成员国之列，中国也是此款保留国之一。

因此，专利代理人在经常了解 PCT 条款变化的同时，还要关注条款的适用情况，这些适用情况是在变化的。

3 及时了解 PCT 的最新动态途径

由于 PCT 条款的修改非常频繁，以中文形式出版的有关 PCT 和 PCT 实施细则都没有新的版本，所以，专利代理人及时了解有关 PCT 信息的渠道主要还是通过 WIPO 官方网站和国家知识产权局的官方网站。

（1）WIPO 的网站信息资源：http：www.wipo.int/pct/zh。

在该网站上可及时查到 PCT 和 PCT 实施细则、PCT 行政规程、PCT 国际申请人指南、PCT 新闻信息、PCT 国际公布信息，还可以了解 PCT 研究讨论的内容与方向。其中，PCT 国际申请人指南是专利代理人最经常关注的内容。

（2）国家知识产权局网站：www.sipo.gov.cn/sipo/pct。

在该网站上有 PCT 专栏，有关 PCT 的基本知识和业务介绍，可以及时了解我国对 PCT 新的变化及新条款在中国实行的具体规定和解释，下载 PCT–SAFE 客户端软件。有关 PCT–SAFE 客户端软件新版本也是专利代理人经常关注的，以保证使用新的版本。

4 现有 PCT 的中文版书目

知识产权出版社 2010 年 7 月出版的《PCT 法律文件汇编（2009）》是目前最新的 PCT 法规中文版本。

第 4 章　向外国及中国台湾、香港、澳门地区申请专利

　　接受委托帮助中国申请人向外国提出专利申请并在外国获得专利保护是代理机构重要的业务之一。与国内申请专利相比，由于各国的专利制度不完全相同，向外国申请专利的代理工作更为复杂。这主要是由于外国专利申请涉及国内申请人、国内代理机构、外国事务所和外国专利局等多方，处理环节增加，周期增长。另外，对于申请人提出申请的国家的相关程序和要求，国内代理机构不可能都非常了解，这就要更多地依赖所在国家事务所或律师的专业意见，存在较多不可控的因素，比如对方回复的时间、建议方案是否最优等。

　　要想很好地完成向外国申请专利的代理工作，国内代理机构或代理人需要尽量多地学习和积累主要国家（尤其是中国申请人申请量大的国家）的专利申请的有关程序和特殊要求方面的知识。同时，需要慎重选择外国合作伙伴，并建立长期的良好合作关系，使外国事务所提供的服务成为我们服务的有效延伸，以帮助申请人顺利地完成整个专利申请程序，取得专利权。

　　本章除了介绍国内代理机构或代理人在处理外国申请时一般性的处理程序之外，还对美国专利申请和欧洲专利申请的一般申请流程与特殊程序进行了重点介绍，并介绍了与中国专利申请有较密切关联的中国台湾、香港、澳门地区的专利申请流程，希望对国内代理人开展向外国及中国台湾、香港、澳门地区申请专利的工作有所帮助。

　　需要说明的是，由于各国专利申请的法规和相关程序、费用等随时都可能会有一定的变化和调整，因此，在实际工作中，建议大家及时查阅相应国家的专利局官方网站或向外国律师直接咨询，了解最新的修改动态和内容。

第 1 节　向外国申请专利一般代理程序介绍

1　申请前咨询

1.1　向外国申请专利的途径

　　(1)《巴黎公约》途径。

　　通过《巴黎公约》途径，要求中国专利申请的优先权向外国申请专利是最基本的申请方式，主要适用于申请人有明确的向外申请专利的目标国家，而且目标国家数量

比较少、申请意图明确、费用充足、希望尽快获得专利权的情况。在中国境内完成的发明创造，无论是否已在中国提交了首次专利申请，向外国申请专利之前，还必须向国家知识产权局递交保密审查请求。已在中国提交了首次专利申请的，相应的外国申请一定要在自中国申请之日起12个月内提出，以享受中国专利申请的优先权。

(2) PCT途径。

PCT途径是通过在受理局提交一个PCT国际申请以获得一个在各PCT成员国都有效的申请日，再以该PCT国际申请进入各国国家阶段。自PCT国际申请日（有优先权的，从最早的优先权日）起30个月内，可以办理PCT国际申请进入各国国家阶段的手续。因此，通过PCT途径，将向各国提交专利申请的期限延长了18个月。

PCT途径更适合于一件专利申请需要得到较多国家专利保护的情况。在申请人需要更多的时间考虑在哪些国家提出专利申请，或需要更多的时间来筹措申请费用，而不急于获得某个国家的专利权的情形下，也可以考虑选择PCT途径向外国申请专利。

1.2　向外国申请专利的报价

向外国申请专利的费用包括翻译费、外国专利局收取的官方费用、外国专利代理机构的服务费用和国内代理人的代理费用等。申请人往往比较关心向外国申请专利的费用，并将其作为考虑是否申请或者申请哪些国家的重要因素之一。

事实上，向外申请专利的准确报价是很难做到的，影响一件专利申请费用的因素很多，比如专利申请所属的技术领域、权利要求的项数、审查意见的次数和复杂程度等。因此，在申请前咨询阶段一般只能给出初步的估价，包括外国专利局的官费、外国事务所的代理费和国内代理机构的代理费在内，可参考以下范围：

(1) 发明专利：10 000~20 000美元/国；

(2) 实用新型：3 000~6 000美元/国；

(3) 外观设计：2 000~4 000美元/国。

如果客户已经有在中国提交的专利申请，能够提供相应的专利申请文件，对准确估价会有一定帮助。

向外国申请专利的费用比较高，申请人可以争取政府资助。

1.3　办理委托手续

1.3.1　委托合同

向外国申请专利，国内代理机构要与申请人签署委托合同。委托合同中一般包括委托事项、费用条款、保密事项、违约责任、争议解决办法等项目。

1.3.2　合同中的两个重要条款

由于向外国申请专利的周期长、费用非常高，为了保证专利申请的顺利进行及保护代理机构自身的合法权益，可以考虑在合同中加入以下两个条款：

(1) 联系人信息。

合同中一定要明确联系人信息,并约定"若联系人信息发生变化,委托方应及时通知被委托方。若被委托方按照委托方指定的联系地址、电话、传真无法与联系人取得联系,或委托方未按被委托方的要求及时予以答复,由此而导致的专利申请被视为撤回、视为放弃、专利权终止等一切法律后果均由委托方自行承担"。因申请人更换了联系人或联系人的地址、电话、传真等信息发生变化,代理人无法联系上申请人,得不到及时回复,又不能越权自主进行后续作业,就有可能直接导致专利申请失效。

(2)预付款。

向外国申请专利的费用很高,而且80%以上的费用都用于支付外国专利局的官费和外国事务所的服务费。如果不及时向外国事务所支付费用,外国事务所就会暂停后续处理,国内代理机构的声誉也将受到损害。为了保障向外国的专利申请顺利进行,同时减少代理风险,建议国内代理机构采用收取预付款的方式,并在合同中约定"在预付款余额不足时,申请人应及时补足预付款"。避免到临近处理事项最后期限时才向申请人要钱,申请人又迟迟不能支付,使代理机构陷于非常被动的境地。

1.3.3 委托明细表

委托合同可以附一份委托明细表,以详细记录申请人、发明人的中英文名称和地址、优先权等重要信息。如果在先中国专利申请不是本代理机构代理的,还需申请人签署委托书,用于向国家知识产权局办理优先权文件。

2 保密审查请求

2.1 有关保密审查的规定

《专利法》第20条第1款规定:"任何单位或个人将在中国完成的发明或实用新型向外国申请专利的,应当事先报经国家知识产权局进行保密审查。"

这里核心的内容是"在中国完成的",即无论发明人是否为中国国籍,无论申请人是中国还是外国公司或个人,只要发明创造是在中国完成的,向外国申请专利之前,就需要向国家知识产权局提出保密审查请求。

相反,如果发明是在外国完成的,即使发明人是中国人,也不要求在外国申请专利之前向国家知识产权局提出保密审查请求。

向外国申请外观设计专利的,不需要提出保密审查请求。

2.2 违反保密审查规定的后果

《专利法》第20条第4款规定:"对违反本条第1款规定向外国申请专利的发明或者实用新型,在中国申请专利的,不授予专利权。"

实践中,违反保密审查规定向外国申请专利的,可以作为不授予其相应中国申请专利权或认定中国专利权无效的理由。

2.3 提出保密审查请求的途径

（1）直接向外国申请专利或者向有关国外专利机构提交 PCT 国际申请的，应当事先向国家知识产权局提出保密审查请求，并详细说明其技术方案。

在这种情况下，保密审查请求的文件包括：向外国申请专利保密审查请求书和技术方案说明书。请求书和技术方案说明书应当使用中文，技术方案说明书应当与向外国申请专利的内容一致。

（2）向国家知识产权局申请专利之后，再向外国申请专利或者向有关国外专利机构提交 PCT 国际申请的，应当在向外国申请专利或者向有关国外机构提交 PCT 国际申请前向国家知识产权局提出保密审查请求。

在中国申请专利的同时或之后提出保密审查请求的，只需提交向外国申请专利保密审查请求书。向外国申请专利的内容应当与该中国专利申请的内容一致。

（3）向国家知识产权局提交 PCT 国际申请的，视为同时提出了保密审查请求。

需要注意的是，只有有资格向国家知识产权局提出 PCT 国际申请的申请人（包括发明人），向国家知识产权局提交 PCT 国际申请的，才视为同时提出向外国申请专利保密审查请求。

对于外国公司的研发机构在中国完成的发明创造，如果以外国申请人的名义向国家知识产权局提交专利国际申请，但由于申请人资格的问题，国家知识产权局将不作受理审查，而是将申请文件直接转交国际局。对于此种情况，不视为提出了保密审查请求。

在这种情况下，申请人必须按照上述第（1）种情形的规定办理，即向国家知识产权局受理处提交单独的保密审查请求文件，经保密审查允许向外国申请专利后，才能递交 PCT 国际申请。

2.4 获得保密审查结果通知书

保密审查意见通知书通常有两种：

（1）该技术方案不涉及保密主题，可以向外国申请专利。

（2）该技术方案需要作进一步审查，暂缓向外国申请专利。

根据《专利法实施细则》第 9 条的规定，请求人未在其请求递交日起 4 个月内收到向外国申请专利保密审查意见通知书的，可以就该技术方案向外国申请专利。

如果收到了上述第（2）项"暂缓向外国申请专利"的保密审查意见通知书，就要等"保密审查决定"。请求人未在其请求递交日起 6 个月内收到向外国申请专利保密审查决定的，可以就该技术方案向外国申请专利。

对于 PCT 国际申请，一旦收到国家申请号通知书（PCT/RO/105）和传送检索本的通知书（PCT/RO/202），就意味着已经通过保密审查，可以向外国申请专利了。

3 向外国提出专利申请

3.1 外国事务所的选定

选定合适的外国事务所是确保专利申请顺利进行的关键环节，因为外国事务所最了解其所在国家的专利法规中对于申请程序和实体的规定，专利申请过程中很多工作要依赖他们来完成或提供专业意见。

选定外国事务所建议考虑以下几个方面的因素：

（1）外国事务所是否有代理本技术领域专利的人员和经验。

（2）外国事务所的整体处理质量，包括：事务所的管理水平、代理人的专业水准和责任心、对函件的反应速度、流程管理的计算机化程度、案件处理的准确性和稳定性等等。

（3）是否存在利益冲突。

（4）收费：外国事务所的收费大致可分为高、中、低三档。

一部分以法律事务处理为主的事务所，代理专利申请的数量不是很多，费用却比较高，除非有相关诉讼业务委托该事务所办理或申请人指定该事务所等特殊原因，应慎重考虑委托这样的外国事务所办理专利申请业务。

对于专利申请事务一般应首选以专利申请业务为主的事务所，他们的价格比较适中。

还有一些事务所（为数不多）会采取包干价格，这对申请人的费用控制比较有利，但应特别关注其包干的范围，及其事务所和代理人的经验等情况。

考虑了上述因素之后，代理机构应优选那些长期合作、相互了解、易于沟通的外国事务所作为合作伙伴。

3.2 申请用手续文件的签署和办理

3.2.1 手续文件的签署

根据所在国家专利法的要求，请申请人签署必要的手续文件，例如发明人声明、委托书、转让证明等。

3.2.2 优先权文件的办理

注意优先权文件在相应国家专利局提交的期限。大部分国家要求在提交优先权文件的同时还要提交优先权文件的英译文，并需要翻译人的声明。

向外国专利局提交优先权文件可以采用传统的纸件提交方式，也可以通过优先权文件数字接入服务（DAS）提交。关于 DAS 的详细介绍请参见国家知识产权局网站优先权文件数字接入服务专栏（网址：http://www.sipo.gov.cn/pdoc/das/）。

通过 DAS 向外国专利局提交优先权文件的具体操作方式如下：

（1）申请人填写《优先权文件数字接入服务请求书》，通过面交、邮寄或电子申请的方式，向国家知识产权局提出优先权文件的交存请求。

（2）提交交存请求成功后，申请人会收到发件人为"国家知识产权局专利局 DAS 专用"发送的电子邮件，告知申请人国际局 DAS 网址，以及随后的操作步骤。

（3）接下来，申请人会收到国际局（后缀为@wipo.int）发出的电子邮件，告知申请人相关 DAS 请求的查询控制码（Access Control Code）。

（4）申请人需在获得查询控制码后登陆国际局网站（网址：http://webaccess.wipo.int/priority_documents/en/），主动维护可提交查询请求的国家列表。

（5）申请人完成上述步骤之后即可向其他 DAS 受理局提交 DAS 查询请求。这样就完成了通过 DAS 途径的优先权文件的提交。

截至 2012 年 9 月，开通 DAS 的受理局有：澳大利亚（AU）、西班牙（ES）、芬兰（FI）、英国（GB）、国际局（IB）、日本（JP）、韩国（KR）、美国（US）和中国（CN）。瑞典、丹麦只接受交存，不承担查询职能。

请注意，DAS 方式提交优先权文件只适用于发明和实用新型专利申请，而不适用于外观设计专利申请。

另外，根据欧洲专利局与国家知识产权局之间的协议，自 2012 年 9 月 3 日起提交的欧洲专利申请要求中国专利申请的优先权的，不再需要提交优先权文件。此协议也不适用于外观设计专利申请。

为了减少额外的费用，最好提前准备好专利申请需要的手续文件，并随新申请的指示函及申请文件一起发给外国事务所。

3.3 信息披露声明（IDS）的提交

部分国家（例如美国）要求申请人提交所有申请人所知的与本专利申请相关的资料，包括申请日前的相关技术资料、外国专利局对相应申请检索和审查结果的资料等。若违反了这一规定，相应专利申请将不能获得授权或被宣告无效。因此，国内代理人应告知申请人提交信息披露声明（IDS）的义务，并在收到相应的专利申请在其他国家的检索或审查结果时，及时将其提交到有此要求的国家专利局。

3.4 申请文件的准备

3.4.1 修改和确定向外国申请的文本

由于原始的专利申请文本至关重要，因此，在提交外国专利申请之前，要对该文本进行慎重修改，并请申请人确认。

在确定申请文本时应注意，部分国家或地区的官费按照权利要求的项数收取。比如：欧洲专利局对权利要求超过 15 项的，每项收取 225 欧元的附加官费；而权利要求超过 50 项的，每项收取 555 欧元的附加官费。日本专利申请官费与权项数量的关系如下：

（1）申请时：官费与权项数量无关。

（2）请求实质审查时：实审费为在基本费 118 000 日元的基础上，每一项权利要求加收 4 000 日元。即，实审费 = 118 000 日元 +（权利要求项数 × 4 000 日元）。

（3）授权后（对于 2004 年 4 月 1 日之后提实审的申请）：

第 1～3 年　　　每年　　　基本费 2 300 日元 +（权利要求项数 × 200 日元）

第 4～6 年　　　每年　　　基本费 7 100 日元 +（权利要求项数 × 500 日元）

第 7～9 年　　　每年　　　基本费 21 400 日元 +（权利要求项数 × 1 700 日元）

第 10～25 年　　每年　　　基本费 61 600 日元 +（权利要求项数 × 4 800 日元）

因此，在这些国家，应尽量将权利要求的项数控制在不发生过多官费的范围内。另外，在美国，对多重引用的权利要求收费昂贵（见本章第 2 节 2.2），应予避免。

3.4.2　申请文本的翻译

在就一件原始专利申请向多个国家分别提出申请的情况下，如果时间允许，建议将经申请人确认的中文文本先进行英文翻译，并请欧美等以英语为母语的国家的外国事务所确认修改后，再作为向其他各国申请的基础文本。另外，有些国家可以接受专利申请的中文文本提交，例如美国、日本、欧洲，在紧急情况下，可以先递交中文文本，并在规定的期限内补交符合规范的外文译本。

3.5　提交时限的监控

将向外国申请专利的案件信息录入管理系统。应根据优先权申请（即在先申请）的申请日，以及申请人的书面指示，确定专利申请的提交时限。为了确保在期限内完成向外国提交专利申请，应分别建立并监控确认中文文本期限、完成英文文本的期限，以及向外国事务所发出新申请指示的期限。

重要期限，例如向外国事务所发出指示的期限和申请在外国提交的最后期限，在发出新申请指示后应有人复核：外方代理是否已经确认收到，是否按时限向所在国专利局提交专利申请，有确实完成依据后才能核销时限。

3.6　新申请指示函的制作和发出

新申请指示函和新申请文件的发出时间，应距离要求外国代理事务所提交申请的时间越提前越好，建议至少给外方代理人留出 1 周以上的时间，以免发生加急费用。

如果不能在 1 周之前发出新申请指示函和文件，建议先发一封预告函，告知外国代理事务所委托专利申请的主要信息、提交期限，以便外方代理人有所准备。

新申请指示函中一定要求对方确认收到。用电子邮件发指示的同时可发传真，以防范邮件丢失的风险。必要情况下，还可以打电话与外方代理人进行确认。

新申请指示函中还应要求外方代理人在提交当日发函告知，以便核销提交期限并向申请人报告。

下面是新申请指示函样页：

Contact Person   Date：
Name of the Foreign Firm
Address of the Foreign Firm

Re.：National Phase Entry in US Based on PCT/CN××××/××××××
In the name of ××××
Your Ref.：××××
Our Ref.：××××

Dear Mr. ××,

We ask you to file a national phase application in US based on PCT/CN××××/×××× before the 30-month deadline of <u>××　××</u>.

The following documents are enclosed for your use：

——Information Sheet

——Publication of PCT application No. PCT/CN××××/××××××

——English translation of PCT application

——Executed Combined Declaration and Power of Attorney

——Executed Assignment

Please file the national phase application based on the English specification provided by us. Should you have any issues as to substantial on this application, please contact our Patent Attorney Mr. ××× at ×××@×××.com.

Once the application has been filed, please inform us of the filing date and provide us with your filing report together with the official filing receipt, a copy of the documents as filed and your invoice for services rendered.

Should you have any inquiries or requirements, please do not hesitate to contact us.

<u>Kindly acknowledge safe receipt of this letter and its enclosures by return e-mail.</u>

Very truly yours,
Name of Person
Name of the Local Firm
Address of the Local Firm
Contact Information

INFORMATION SHEET

Our Ref.：××××

1. PCT Information：

International Application No.：PCT/CN××××/××××××

International Application Date：×× ××，××××

International Publication No.：WO ××××/××××××

International Publication Date：×× ××，××××

2. Title of the Invention：

××××

3. Applicant（s）/Assignee（s）：

Name：××

Address：××

Nationality：

Nature of Applicant：

4. Inventor（s）：

（1）Name：××

Address：××

Citizenship：

（2）Name：××

Address：××

Citizenship：

5. Priority：

Chinese patent application No. ××，filed on ×× ××，××××；

6. Remarks：

（1）In the absence of contrary instruction，this case must be kept in force.

（2）Kindly advise of any further information necessary for filing this application.

4 审查过程中的处理

4.1 需要主动监视的期限

外国专利申请的一些重要期限需要代理人主动监视。一般来说，外国事务所会在期限前发出提醒函，但国内代理机构还是应该主动建立重要的时限。一项事务的期限包括提醒客户、要求客户回复、以及向外方发出指示等。

例如，部分国家或地区的实质审查是自动进行的（例如美国），而另外一些国家的实质审查是依申请人请求进行的（例如欧洲、日本）。对于依申请人请求开始实质审查程序的国家,就应建立提出实质审查请求的最后期限,该期限应有向申请人发出实审请求提醒、等待客户回复、向外方代理发出提实审指示、外方代理完成作业等时限,完成一个作业核销一个时限。如果申请人希望尽快获得专利权,可提示申请人尽早提出实质审查请求。

4.2 外国专利局发来的官方通知书的处理

收到外国事务所转来的外国专利局关于专利申请的官方通知书,应仔细阅读通知书全部内容,结合外国代理事务所的建议,确定下一步应采取的行动和相应的时限。将答复时限输入到系统进行监视,并尽早将有关通知书转达给申请人,清楚说明官方通知书的要求并提出处理建议,告知答复期限。若在期限之前合理的时间未收到申请人指示,需书面及电话提醒申请人。

4.3 请求加快审查

在申请人有需要的情况下,应了解提出专利申请的国家是否有加快审查的途径。例如,通过专利审查高速公路(PPH)途径请求对该申请加快审查。到目前为止,与国家知识产权局签订 PPH 试点协议的有日本、美国、德国、韩国和俄罗斯等国专利局。此外,部分国家有自己的加快审查途径。关于美国和欧洲专利加快审查的途径,参见本章第 2 节和第 3 节的相应部分内容。

4.4 核查外方代理账单

向外国申请专利的过程中,除了对外方代理人转达来的外国专利局文件、外方代理人制作的文件进行核查外,还要对外方代理人发来的相应的账单进行核对,看账单是否合理,是否符合事先约定的报价标准等。如果对外方开出的账单有疑惑,应及时与外方代理人沟通,在对外方账单确认无误后再转给客户,得到客户认可后及时向外方支付账单款项,最好不要拖延账单的支付。

5 专利证书

5.1 授权通知书的复核

收到外国专利局发出的授权通知书后,应仔细核实通知书中各个著录项目信息,并核对作为授权基础的权利要求书、说明书和附图,然后再确认缴纳证书费。如果发现外国专利局的错误,应在缴纳证书费之前请求更正。

5.2 专利文件的更正或修改

专利授权后,如果申请人仍希望对申请文件进行更正或修改,在不同的国家处理方式不同。

美国专利可通过以下四种途径进行更正或修改:重新授权(Reissue)、更正证书(Certificate of Correction)、放弃部分权利要求(Disclaimer)、请求重审(Post-grant Review)。

而对于欧洲专利，专利权人可以通过提出撤销请求（Request for Revocation）或者限制请求（Request for Limitation），对专利文件进行修改。

6 维持费/年费的管理

大部分国家规定在专利授权后开始缴纳年费。部分国家和地区，例如欧洲、澳大利亚、加拿大，规定自申请日起的一定年限仍未授权的申请，需要缴纳维持费。因此，要注意各国对于维持费/年费计算的起点和缴纳周期的不同规定，对维持费/年费进行管理。

6.1 委托外国代理事务所管理年费

国内代理机构应该能够主动建立并监视维持费/年费的期限。同时，可以要求外国事务所在每次年费到期前2~3个月发来提醒。在申请人确认缴纳年费后，委托外国事务所办理。

6.2 委托年费管理公司管理年费

许多外国事务所不负责专利年费的事务，而是将年费缴纳的业务交给专门负责年费的年费管理公司。这样，就需要在专利授权后及时与年费管理公司联系，确保该专利在他们那里已纳入年费监控，在自己的系统中也将年费事宜的联系地址更新成该年费管理公司的地址。

国内代理机构也可以主动委托值得信赖的年费管理公司管理外国专利的年费。

6.3 年费缴纳示例

各国专利年费缴纳的期限和金额不一样，在建立年费期限前应先弄清楚相应国家的规定。表4-1和表4-2分别是美国和欧洲专利的年费缴纳期限和官费金额明细表。

表4-1 美国实用专利的年费缴纳期限和官费

年费期限	金额（美元）	
	大实体	小实体
第一次 - 授权公告后 3.5 年	1 130	565
第二次 - 授权公告后 7.5 年	2 850	1 425
第三次 - 授权公告后 11.5 年	4 730	2 365

来源：www.uspto.gov。

表4-2 欧洲发明专利的维持费缴纳期限和官费

维持费年度	金额（欧元）	维持费年度	金额（欧元）
第3年	445	第7年	1 105
第4年	555	第8年	1 215
第5年	775	第9年	1 325
第6年	995	第10年及其后每一年	1 495

来源：www.epo.gov。

7 预付款的管理

向外国申请专利的预付款的管理是向外国申请专利中一项重要工作，它贯穿申请的整个过程，并在很大程度上制约各个环节工作的进行。因此，在该项工作中需要投入适当的注意力。

根据案件的实际情况，可为每个申请人或每组/每个专利申请建立独立账户。在"收入项目"下记录客户的首次预付款及补充预付款的日期、发票号、金额，在"支出项目"下记录外方账单的日期、账单号、内容、金额、付款日等信息，以及国内代理机构的代理费账单的日期、账单号、内容、金额。"收入项目"减去"支出项目"为预付款余额。当预付款余额小于合同约定的金额时，书面通知申请人补充预付款。

收到专利证书后，如果预付款余额为负数，应要求申请人缴齐欠款再寄送专利证书。如果预付款余额为正数，在确认外国事务所没有进一步的账单的情况下，可以与申请人协商，或者退回剩余的预付款，或者将其用于支付后续的年费。年费阶段可以"一费一结"，不再要求客户支付预付款。

8 外国专利信息的收集和整理

要做好向外国申请专利的代理工作，就需要随时收集、整理与外国申请相关的文件和资料，了解各主要国家有关专利申请程序和实体的规定，及时把握相关变化情况，以便主动向申请人通报及提出建议和方案。遇到个案疑难问题时，再请教外国事务所。

9 外国实用新型专利

实用新型专利有费用低、授权周期短等特点，适合"小发明"。

到目前为止，世界上有七十多个国家有实用新型专利，审查方式分为登记制、形式审查和实质审查，部分国家还规定了申请过程中发明和实用新型专利可以相互转换类型。特别是在发明的创造性高度不够的情况下，可请申请人考虑实用新型专利。在表4-3中可以快速了解到各国的申请类别大概情况，详细信息还需进入各国专利局网站进行查询或向外国事务所咨询。

表4-3 部分国家或地区专利类型、保护期和审查形式一览

国家/地区	专利类型及保护期	专利实审请求期限	实用新型是否实审	是否有快速审查通道
美国	发明专利（20年）；外观专利（14年）；植物新品种专利（20年）	专利自动审查制：发明及植物专利自申请之日起12~18个月给出审查决定；外观专利10~16个月给出审查决定	无新型专利	是

续表

国家/地区	专利类型及保护期	专利实审请求期限	实用新型是否实审	是否有快速审查通道
日本	发明专利（20年）；实用新型专利（6年）；外观专利（15年）	发明专利自申请之日（或优先权日）起3年内提出实审请求	无需实审	是
德国	发明专利（20年）；新型专利（10年）；外观专利（每5年延长一次，最多4次，共25年）	发明专利自申请之日起7年内提出实审请求	无需实审	是
英国	发明专利（20年）；外观专利（每5年延长一次，最多4次，共25年）	发明专利自公开之日起6个月内提出实审请求	无新型专利	是
法国	发明专利（20年）；新型专利（6年）；外观专利（每25年，可延长一次，最多50年）	发明专利检索报告制，无实审	无需实审	否
荷兰	发明专利（20年）；外观专利（每5年延长一次，最多4次，共25年）	发明专利检索报告制，无实审	无新型专利	否
韩国	发明专利（20年）；新型专利（10年）；外观专利（15年）	发明专利从申请之日（或优先权日）起5年内提出实审请求	新型专利实审制：自申请日起3年内提出实审请求	是
澳大利亚	发明专利（20年）；新型专利（8年）；外观专利（10年）	发明专利自申请之日起5年内提出实审请求	无需实审	是
加拿大	发明专利（20年）；外观专利（10年）	发明专利自申请之日起5年内提出实审请求	无新型专利	是
阿联酋	发明专利（20年）；新型专利（10年）；外观专利（10年）	发明专利自动实审制：专利局自申请之日起6~7年给出审查决定	无需实审	否
阿根廷	发明专利（20年）；新型专利（10年）；外观专利（每5年一次，可延长2次，最多15年）	发明专利自申请之日起3年内提出实审请求	新型专利实审制：自申请之日起3年内提出实审请求	否
阿塞拜疆	发明专利（20年，最多可延长5年，共25年）；新型专利（10年）；外观专利（10年）	发明专利申请人自愿实审制，如果请求实审，实审请求需自申请之日起18个月内提交	新型专利自愿实审制，实审时限与发明专利相同	否
埃及	发明专利（20年）；新型专利（7年）；外观专利（10年，可延长5年，最多15年）	发明专利申请人需自申请之日起6个月内交付审查费，自递交费审查费用后开始进入实审	新型也需要实质审查	否
爱尔兰	发明专利（20年）；新型专利（10年）；外观专利（25年）	发明专利自申请之日（或优先权日）起21个月内提出实质审查请求，最多可申请延长3个月	无需实审	否

续表

国家/地区	专利类型及保护期	专利实审请求期限	实用新型是否实审	是否有快速审查通道
爱沙尼亚	发明专利（20年，最多可延长5年，共25年）；新型专利（最多10年：4年+4年+2年）；外观设计（每5年一次，可延长4次，最多25年）	发明专利自动实审制，申请人无需提出实审请求	无需实审	否
奥地利	发明专利（20年）；新型专利（10年）；外观专利（25年）	发明专利自动审查制，无分开实审，申请人无需提出实审请求	无需实审	是
巴西	发明专利（20年）；新型专利（15年）；外观专利（25年）	发明专利自申请之日起3年内提出实审请求	无需实审	否
白俄罗斯	发明专利（20年，最多可延长5年，共25年）；新型专利（5年，最多可延长3年，共8年）；外观专利（10年，最多可延长5年，共15年）	发明专利自申请之日起3年内提出实审请求	无需实审	否
比利时	发明专利（20年）；比利时没有直接注册的外观专利，但是注册荷比卢地区外观专利或者欧洲共同体外观专利，在比利时同样可以受到保护，保护期为20年	发明专利检索报告制，无实审	无新型专利	否
冰岛	仅发明专利（20年）	冰岛专利局只作为"受理局"，而不提供检索和实质审查	无新型专利	否
波兰	发明专利（20年）；新型专利（10年）；外观专利（每5年可延长一次，最多4次，共25年）	发明专利自动审查制，申请人无需提出实审请求	无需实审	否
丹麦	发明专利（20年）；新型专利（10年）；外观专利（25年）	发明专利自动审查制，申请人无需提出实审请求	新型专利自愿审查制	是
俄罗斯	发明专利（20年，最多可延长5年，共25年）；新型（10年，最多可延长3年，共13年）；外观（每次15年，最多可延长10年，共25年）	发明专利自申请之日起3年内提出实审请求	无需实审	是
菲律宾	发明专利（20年）；新型专利（7年）；外观专利（每5年一次，可延长2次，最多15年）	发明专利申请人自公开之日起6个月内提出实审请求	无需实审	是
芬兰	发明专利（20年）；新型专利（10年）；外观专利（25年）	发明专利自动审查制，申请人无需提出实审请求	无需实审	是
哥斯达黎加	发明专利（20年）；新型专利（10年）；外观专利（10年）	发明专利自动审查制，申请人无需提出实审请求	无需实审	否

续表

国家/地区	专利类型及保护期	专利实审请求期限	实用新型是否实审	是否有快速审查通道
格鲁吉亚	发明专利（20年，最多可延长5年，共25年）；新型专利（10年）；外观专利（每5年可延长一次，共4次，最多25年）	发明专利申请人需自收到专利局通过形式审查的通知后2个月内提出实审请求并缴纳审查费用，自缴纳审查费用后开始进入实审	新型专利申请人需自收到专利局通过形式审查的通知3个月内提出实审请求并缴纳审查费用，自缴纳审查费用后开始进入实审	否
哈萨克斯坦	发明专利会被授予两种专利权：（1）创新专利（保护期为3年）（2）专利（保护期为20年，最多可延长5年，共25年）；新型专利（5年，可延长3年，共8年）；外观专利（15年，最多延长5年，共20年）	发明专利申请人需要自专利局形式审查结果公布后3个月内提出专利的实审请求	无需实审	否
吉尔吉斯斯坦	发明专利（20年，最多可延长5年，共25年）；新型专利（5年，可延长3年，共8年）；外观专利（10年，最多延长5年，共15年）	申请人自愿实审制，如果请求实审，需自申请之日起30个月内提交	无需实审	否
捷克	发明专利（20年）；新型专利（每4年一次，可延长2次，共12年）；外观专利（每5年一次，可延长4次，最多25年）	发明专利自申请之日起36个月内提出实审请求	无需实审	否
拉脱维亚	发明专利（20年，最多可延长5年，共25年）；外观专利（每5年一次，可延长4次，最多25年）	发明专利无需实审	无新型专利	否
立陶宛	发明专利（20年，最多可延长5年，共25年）；外观专利（每5年一次，可延长4次，最多25年）	发明专利无需实审	无新型专利	否
卢森堡	标准专利（20年）；短期专利（6年）；外观专利（25年）	发明专利检索报告制，无实审	无新型专利	否
马来西亚	发明专利（20年）；新型专利（10年，可延长两次，最多20年）；外观专利（每5年一次，可延长两次，最多15年）	（1）常规专利申请（即巴黎公约途径）：自申请之日起18个月内请求实质审查；（2）PCT途径申请：自提出国际申请之日起4年内请求实质审查	新型专利实审请求期限与发明专利相同	否

续表

国家/地区	专利类型及保护期	专利实审请求期限	实用新型是否实审	是否有快速审查通道
蒙古	发明专利（20年）；新型专利（7年）；外观专利（10年）	发明专利自动审查制，无需提出实审请求	新型专利自动审查制	否
摩尔多瓦	发明专利（20年，最多可延长5年，共25年）；短期专利（6年，最多可延长4年，共10年）；外观专利（每5年可延长一次，共4次，最多25年）	发明专利需自申请之日起30个月内提出实审请求并缴纳审查费	无实用新型专利，短期专利的保护范围与新型专利近似；短期专利无需实审	否
南非	发明专利（20年）；外观专利分两种：（1）美学设计保护期为15年，（2）功能设计保护期为10年	发明专利无实审，只形式审查制	无新型专利	否
塞尔维亚和黑山	发明专利（20年）；新型专利（10年）；外观专利（25年）	发明专利自收到检索报告后6个月之内提出实审请求	无需实审	否
挪威	发明专利（20年）；外观专利（每5年一次，可延长4次，最多25年）	发明专利需要在提出专利申请的同时提出实审请求	无新型专利	是
瑞典	发明专利（20年）；外观专利（25年）	发明专利自动审查制，申请人无需提出实审请求	无新型专利	是
斯洛伐克	发明专利（20年）；新型专利（每4年可延长一次，最多两次，每次3年，共10年）；外观专利（每5年可延长一次，最多4次，共25年）	发明专利自申请之日起3年内提出实审请求	无需实审	否
塔吉克斯坦	发明专利（20年）；新型专利（10年）；外观专利（10年，最多可延长5年，共15年）	发明专利自申请之日起3年内提出实审请求	无需实审	否
中国台湾	发明专利（20年）；新型专利（10年）；外观专利（12年）	发明专利自申请之日起3年内提出实审请求	无需实审	是
泰国	发明专利（20年）；新型专利（10年）；外观专利（10年）	发明专利自公开之日起5年内提出实审请求	无需实审	否
土耳其	两种发明专利保护制度：（1）带审查专利制（20年），（2）不带审查专利制（7年）；新型专利（10年）；无外观专利	申请人可以在检索报告发布后3个月内在两种发明专利制度中任选其一；如果选择带审查专利制度，申请人需要在检索报告发布后6个月内提出实审请求	无需实审	否

续表

国家/地区	专利类型及保护期	专利实审请求期限	实用新型是否实审	是否有快速审查通道
土库曼斯坦	两种专利保护：(1) 有限专利（有效期为10年）；(2) 专利（有效期为20年，最多可延长5年）；两种外观保护：(1) 有限外观专利（有效期为10年）；(2) 外观专利（有效期为15年）	有限专利只进行形式和有限审查，无实质审查；若想获得专利，申请人需在收到专利局形式审查结果通知的3个月内提出终止有限专利的请求，并需自申请之日起5年内提出实审请求	无新型专利	否
文莱	发明专利（20年）；外观专利（每5年一次，可延长2次，最多15年）	(1) 快速审查通道：申请人需自最早的优先权日起或申请之日起21个月内提出检索请求和实审请求；(2) 慢速审查通道：申请人需自最早的优先权日起或申请之日起39个月内提出延期申请并选择慢速审查通道，并在39个月内提出检索报告请求和实审请求	无新型专利	否
乌克兰	发明专利（20年，最多可延长5年，共25年）；新型专利（10年）；外观专利（10年，可延长1次，最多15年）	发明专利自申请之日起3年内提出实审请求	无需实审	否
乌兹别克斯坦	发明专利（20年，最多可延长5年，共25年）；新型专利（5年，最多可延长3年，共8年）；外观专利（10年，最多可延长5年，共15年）	发明专利自申请之日起3年内提出实审请求	新型专利申请人需自收到专利局通过形式审查的通知后3个月内提出实审请求	否
西班牙	发明专利（20年）；新型专利（10年）；外观专利（25年）	发明专利自动审查制，申请人无需提出实审请求，专利局自公开后3个月内给出审查决定	无需实审	是
新加坡	发明专利（20年）；外观专利（每5年一次，可延长2次，最多15年）	(1) 快速审查通道：申请人需自最早的优先权日起或申请之日起21个月内提出检索请求和实审请求；(2) 慢速审查通道：申请人需自最早的优先权日起或申请之日起39个月内提出延期申请并选择慢速审查通道，并在39个月内提出检索报告请求和实审请求	无新型专利	是
新西兰	发明专利（20年）；外观专利（15年）	自动审查制，申请人无需提出实审请求	无新型专利	否
匈牙利	发明专利（20年）；新型专利（10年）；外观专利（每5年一次，可延长4次，最多25年）	发明专利自公开之日起3个月内提出实审请求	无需实审	否

续表

国家/地区	专利类型及保护期	专利实审请求期限	实用新型是否实审	是否有快速审查通道
亚美尼亚	发明专利（20年，最多可延长5年，共25年）；新型专利（10年）；外观专利（每5年可延长一次，共4次，最多25年）	发明专利无需实审，只形式审查。如果发明专利想维持满20年，申请人需自申请之日起9年内提交"PCT国际初审报告书面证明"或"其他与亚美尼亚专利局签订合同的国家专利局出具的审查证明"，否则专利权将于第10年末终止	无需实审	否
意大利	发明专利（20年）；新型专利（10年）；外观专利（每5年延长一次，最多4次，共25年）	发明专利检索报告制，无实审	无需实审	否
印度	发明专利（20年）；外观专利（15年）	发明专利需要从最早的优先权日起48个月内提出实审请求	无新型专利	否
印尼	发明专利（20年）；新型专利（10年）；外观专利（10年）	发明专利自申请之日起3年内提出实审请求	新型专利实审制：从申请日起6个月内提出实审请求	是
越南	发明专利（20年）；新型专利（10年）；外观专利（每5年一次，可延长2次，最多15年）	发明专利自优先权之日起42个月内提出实审请求	新型专利自优先权之日起36个月内提出实审请求	否

第2节　美国专利申请程序

1　一般申请程序

美国专利申请的一般流程如图4-1所示。

美国实用专利相当于中国的发明专利，美国没有实用新型专利。

申请人可以选择直接向美国专利商标局提出实用专利申请，直接提交的实用专利申请可以分为临时申请和正式申请。此外，也可以通过PCT途径进入美国国家阶段或继续申请的方式提交专利申请，下文将对各种专利申请形式进行详细的对比和说明。

美国实用专利申请不需要申请人提出请求而自动进行实质审查，在专利申请提交后6个月至2年内会收到第一次审查意见通知书。审查意见通知书的答复期限是3个月，最长可延期3个月，按照最终延长的时间缴纳延期费用。如果经过修改和答辩，专利申请仍然不能满足授权条件，一般会收到最终审查意见通知书。收到该通知书后，申请人可以选择：修改权利要求书和说明书以符合审查员的要求、提出继续申请或上诉（Appeal）。在收到申请人对最终审查意见通知书的答复后，如果专利申请仍然存在不能授权的问题，审查员一般会发出一份建议书（Advisory Action），指出仍然不能授权的理由，申请人可以针对该通知书提出上诉。如果专利申请符合授权条件，审查员将会发出授权通知书。

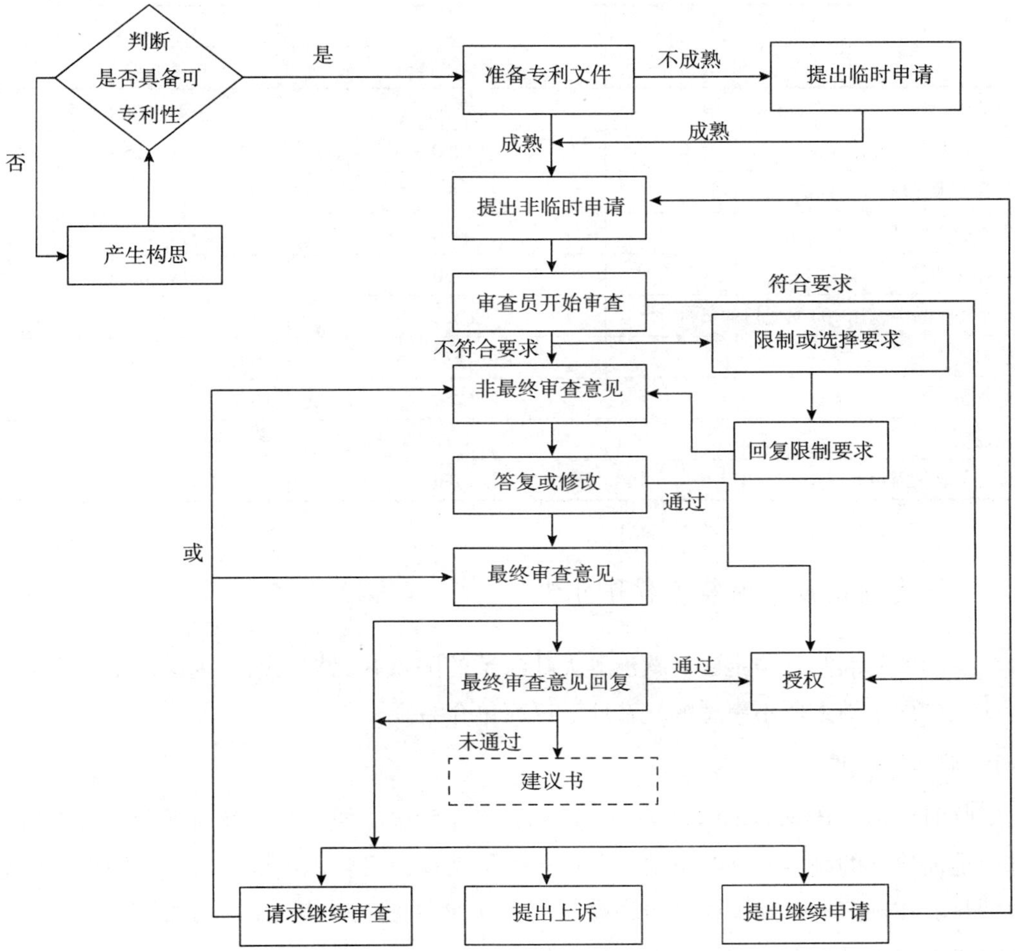

图 4—1 美国专利申请的一般流程

2 申请费用

2.1 对小实体的费用减免

如果专利申请的权利人具备小实体的资格（例如：独立发明人、小企业或非盈利性组织），则可享受部分官费（包括：申请费、授权费和年费）减半的优惠政策。小企业通常指雇员不超过 500 人的企业。

2.2 专利申请的官费

美国专利申请的官费如表 4-4 所示。从表中不难看出，独立权利要求超出 3 项、多重引用的从属权利要求附加费用比较高，美国的授权费也比较高。

表 4-4 美国实用专利申请官费

项 目	费用（美元）	
	大实体	小实体
申请费	390	195/98（电子提交）
独立权利要求超出 3 项的部分，每项	250	125
权利要求超出 20 项的部分，每项	62	31
多重引用的从属权利要求	460	230
后补文件	130	65
申请附加费 - 超出 100 页之后的每 50 页	320	160
检索费	620	310
审查费	250	125
授权费	1 770	885
提交信息披露声明（IDS）	180	

3 美国专利制度中的特色程序介绍

美国的专利制度与中国、欧洲等大陆法系的国家有比较大的区别，以下几个方面可能是中国申请人所不熟悉的，在此予以简单介绍。

3.1 临时申请

临时申请（Provisional Patent Application）是为了方便发明人及时就其发明提出专利申请而建立的制度。临时申请的受理条件很简单，只要提供说明书和附图即可建立申请日。在规定的时间内缴纳申请费（目前大实体是 250 美元，小实体是 125 美元）并提供发明人姓名即可维持临时申请有效。

特别需要注意的是，临时申请并不是一个真正能够获得审查和授权的专利申请，它只是在后申请的一个优先权基础。如果没有任何后续行动，临时申请 1 年后自动失效。临时申请提出后，其申请人可以在 1 年内提出一个相应的非临时专利申请并要求享有临时申请的优先权，也可以在 1 年内修改申请文件并补交费用而要求将该临时申请转为非临时申请。重新提交的要求享有临时申请的优先权的非临时专利申请的申请日从其自身的申请日起算，而由临时申请转化来的非临时申请的保护期从临时申请的申请日起算，最多要比前者少 1 年，所以这种从临时申请真正转化为非临时申请的方式很少被采用。

临时申请费用低，其所确立的优先权，不仅在美国，在其他国家也被承认。在来不及准备正式申请的情况下，可以考虑在美国递交一个临时申请以建立一个优先权。当然，只有临时申请中充分公开的内容，才可以享受优先权。

3.2 PCT 国际申请进入美国国家阶段的方式

PCT 国际申请进入美国国家阶段可以有两种方式，一种是像其他国家一样，在 30 个月的期限前正常地进入国家阶段（按照《美国法典》第 35 编第 371 条），另一种则是在 30 个月的期限到期前对针该 PCT 国际申请提交继续申请或部分继续申请（按照《美国法典》第 35 编第 111（a）条）。两种方式进入美国国家阶段的异同如表 4-5 所示。

表 4-5 PCT 国际申请两种方式进入美国国家阶段的对比

	依《美国法典》第 35 编第 371 条进入	依《美国法典》第 35 编第 111（a）条进入
时限	优先权日 30 个月届满前	优先权日 30 个月届满前
恢复权利	可以	可以
申请日	享有 PCT 国际申请日（应具有相同的发明人）	享有 PCT 国际申请日（应具有相同的发明人和相同的发明主题）
英文译文	需要	需要
修改	可以重写申请文件，但不能超过原始记载的范围	可以重写申请文件，可以超出原始记载的范围（部分继续申请）
引用说明	不必添加引用说明	必须添加引用说明
单一性标准	宽	窄
发明人资格声明	如果在国际阶段已提交，则不必重新提交	必须重新提交
优先权文件	如果在国际阶段已提交，则不必重新提交	必须重新提交
信息披露声明	不必包括某些国际检索单位所作的国际检索报告中的引用文献	应包括所有文献

从表 4-5 可以看出，采用一般 PCT 国际申请进入美国的方式的优点是需要提交较少的证明文件及对比文件，而采用继续申请或部分继续申请进入美国的方式可以对专利申请有较大的修改空间，但提交证明文件及对比文件的要求较高。

另外，以一般 PCT 国际申请进入美国的方式，该专利申请不可以请求加速审查；而以继续申请或部分继续申请的方式进入美国，则该专利申请可以请求加速审查。

3.3 信息披露声明

按照美国的法律，申请人及实质性参与了申请的人（如专利代理人）都有义务向美国专利商标局提供其已知的可能对其申请的专利性构成影响的信息。其方式是通过递交信息披露声明（Information Disclosure Statement，IDS）。在递交 IDS 时应注意以下几个问题：

（1）不需要为递交 IDS 而进行检索，但已知道的可能对其申请的专利性构成影响的信息都需要披露。

（2）在专利申请被放弃，或被批准并缴纳授权费前都有提交 IDS 的义务。

在自申请日起 3 个月内或 PCT 国际申请进入美国国家阶段 3 个月内，或者在对专利申请的第一次审查意见发出前提交 IDS 是不需要缴纳费用的。在第一次审查意见发出后提交 IDS，除非能够证明此前无法得知该信息，否则要缴纳费用（180 美元）。最终审查意见或授权通知发出后提交 IDS，也需要缴纳相关费用（180 美元）。

（3）在 IDS 中列出的非美国专利或专利申请对比文件，需要提交复印件。

（4）对于非英文的对比文件，需要提供其与本申请的相关性的说明。如果有英译文，应该提交该译文。

（5）如果没有尽到信息披露的义务，在今后的民事诉讼中可能被对方作为攻击的目标，而其后果也是非常严重的，可能导致专利无效或不能实施。

3.4 分案申请

在一个专利申请的审查期间（Pending），申请人可以提交分案申请（Divisional Application）。分案申请不得引入任何新的内容，享受母案申请的申请日。分案申请通常是根据审查员的限制要求（Restriction Requirement）而从母案中分出来的，其权利要求通常限定一个与母案不具备单一性的发明。

当一个专利申请已经被放弃或批准，即不可以再对其提出分案申请，但仍然可以对其继续申请或部分继续申请提出分案申请。

3.5 继续申请

继续申请（Continuation Application）是根据一个在先申请提出的另一个申请。其不得引入任何新的内容，享受在先申请的申请日。

申请人在一个专利申请审查期间的任何时候都可以提出继续申请。继续申请通常是为了引入新的权利要求。

在收到最终审查意见时，如果申请人仍然不服想继续争辩，或者想采用一套新的权利要求继续争取，那么就可以提出继续申请。继续申请是另一个专利申请，其提出后并不影响母案的进行。

可以对继续申请再提出继续申请，从理论上讲，继续申请可以反复延续下去。

3.6 部分继续申请

当要对母案进行的修改加入了新的超出原始公开的内容时，可以提出部分继续申请（Continuation – in – Part Application）。部分继续申请是一个新的专利申请。

部分继续申请可以在专利的有效期内的任何时候提出。其保护期限从母案申请的申请日起算。部分继续申请中的权利要求分为两个部分，母案公开内容的权利要求按母案的申请日检索、审查，有关新引入内容的权利要求按部分继续申请的申请日检索、审查。

3.7 继续审查请求

当收到最终审查意见时,申请人可以继续答辩,但已不能再将说明书的内容加入权利要求书,并且收到最终审查意见后通过答辩说服审查员的机会很小。如果审查员未被说服,申请人可以选择上诉(Appeal)。

在收到最终审查意见时,如果申请人认为不修改权利要求书,向其中加入说明书中的内容很难说服审查员,但又不希望本申请被驳回,认为修改权利要求书后仍有获得批准的可能,这时,其可以选择提交继续审查请求(Request for Continued Examination,RCE)。如果对已被批准的权利要求不满意,在缴纳授权费之前也可以提交继续审查请求。

继续审查请求与分案申请、继续申请、部分继续申请不同,它不是提出一个新的专利申请,而是请求将对原申请已经结束的审查重新开启。提出继续审查请求时一般会修改权利要求,否则审查员在继续审查时有可能直接发出又一个最终审查意见。

继续审查请求一定在收到最终审查意见后才可以提出。在专利申请被批准但还没缴纳授权费之前或在专利申请被放弃之前都可以提出继续审查请求。如果已经提出了上诉,但是在上诉决定还没有作出前又提出了继续审查请求,则上诉请求被视为撤回。

3.8 重新授权

当一件申请已经被授予了专利之后,如果专利权人发现被授权的专利中有错误或认为有必要修改,其可以提交请求和修改的申请文件,要求美国专利商标局对其修改的申请文件进行重新授权(Reissue)。

特别值得注意的是,只要修改不超出原始公开的范围,即使修改会使权利要求的范围扩大,仍然有可能被接受。但是有可能使权利要求范围扩大的重新授权请求,必须在原专利授权后2年内提出。

3.9 更正证书

如果已授权的专利文件中存在错误,这种错误是申请人的非恶意错误引起的,并且这种错误是小的打印错误或其他文字失误,申请人可以请求美国专利商标局予以更正,并缴纳费用。美国专利商标局如果认为这种错误的更正不会导致新的主题或者不需经过重新授权程序,其可以颁布更正证书(Certificate of Correction)。更正证书和授权的专利一起,在之后的法律程序中具有相同的作用。

如果专利文件中的错误是美国专利商标局造成的,申请人或第三方都可以提出更正请求,并且不需要缴纳费用。美国专利商标局自己也可以主动作出更正。美国专利商标局可以颁布更正证书。更正证书和授权的专利一起,在之后的法律程序中具有相同的作用。如果美国专利商标局认为更正证书的形式不适合错误的修改,其可以重新颁布更正的专利。

3.10 单方再审和双方再审

由于美国的联邦地区法院在审理侵权诉讼时可以同时判定专利权的有效性，因此大部分的关于专利权有效性的判决由联邦地区法院作出。但美国也有与我国的专利无效制度相似的再审制度。美国的再审制度分为单方再审（Ex Parte Reexamination）和双方再审（Inter Partes Reexamination）。

单方再审可以由包括专利权人在内的任何人向美国专利商标局提出，双方再审必须由第三方提出。再审的理由都必须是基于在先的专利文献或公开出版物对提出再审的专利的专利性提出新的实质性的问题。

那么，第三方在提出再审时基于什么考虑选择单方再审还是双方再审呢？

单方再审的程序相对简单，费用相对较低。第三方提出再审请求及理由后，专利权人可以陈述意见。第三方再审请求人还有一次回复的机会，之后的程序即只在与专利权人之间进行，第三方则无权再参与。美国专利商标局作出单方再审结论后，专利权人有权上诉，但第三方则无权上诉。

双方再审程序复杂，费用远高于单方再审。第三方再审请求人可以全程参与与专利权人的争辩。这与我国的无效宣告程序很相似。当美国专利商标局作出双方再审的结论后，专利权人和第三方都有权上诉。值得注意的是，双方再审中如第三方失败，其不得在其后的法院诉讼中提出相同的诉求。

3.11 授权后重审（Post-grant Review）和双方重审（Inter Partes Review）

为了简化程序，降低专利确权的成本，最新通过的《美国发明法案》（AIA）取消双方再审程序，设立授权后重审程序和双方重审程序。

授权后重审类似于欧洲专利的异议程序。专利授权后的9个月内，专利权人之外的任何人都可以以任何该专利不当被授权的理由，请求撤销任何一个或多个权利要求。专利权人可以针对重审请求提交一份初步答复意见，美国专利商标局根据是否存在撤销至少一个权利要求的可能决定是否启动重审，并且，是否启动重审的决定是终局的。

授权后重审由专利审判和上诉委员会（Patent Trail and Appeal Board）审理，其最终决定应在收到重审请求后1年内作出，最多可延迟6个月。针对其作出的决定，可向联邦巡回上诉法院上诉。

双方重审相似于我国的无效宣告程序，只能在授权后9个月后提出，如果有授权后重审正在进行，须在授权后重审结束后提出。双方重审仅能以被授权专利不具备新颖性或非显而易见性提出，并且仅能以公开出版物依据。专利权人可以针对重审请求提交一份初步答复意见，美国专利商标局根据是否存在撤销至少一个权利要求的可能决定是否启动重审，并且，是否启动重审的决定是终局的。

双方重审由专利审判和上诉委员会审理，其最终决定应在收到重审请求后1年内作出，最多可延迟6个月。针对其作出的决定，可向联邦巡回上诉法院上诉。

授权后重审和双方重审程序自2012年9月16日起生效。对于之后授权的专利，双方重审程序将取代双方再审程序。单方再审程序仍然保留。

3.12 加速审查程序

美国专利商标局建立了一种加速审查程序（Accelerated Examination），按照《美国法典》第35编第111（a）条提交的专利申请，除了重新授权申请和外观设计申请外，都可以请求加快审查。加快审查请求必须在提交专利申请时提出，并需要缴纳4 800美元（小企业仅为2 400美元）的优先审查费。如果申请人能够声明其发明的主题是属于环境保护、节约能源或对付恐怖主义的，则可以不缴纳该优先审查费。

按照加速审查程序进行的审查，应该在申请日起12个月完成审查，即在12个月内：（1）发出授权通知书；或（2）发出最终审查意见；或（3）申请人提交继续审查请求（RCE）；或（4）申请人放弃该申请。可见加速审查的速度是相当快的。

要获准优先审查，还要满足许多条件，简单罗列如下：

（1）专利申请必须是用美国专利商标局的电子提交系统提交的。如果在该电子提交系统不能正常工作的特殊情况下使用电子邮件提交也是可以的，但美国专利商标局不能保证该申请在12个月内完成审查。

（2）专利申请的独立权利要求数不能超过3个，总权利要求数不能超过20个，且不能包含多项引用权利要求。申请人需声明不单独对从属权利要求的可专利性进行争辩。

（3）所有权利要求必须是关于一项发明的（即具有单一性）。如果不是关于同一发明的，申请人必须在电话会晤中进行选择，不得争辩。

（4）申请人必须声明当审查员要求时，其能够与审查员会晤。

（5）申请人必须声明已做了审查前检索。该检索的要求很高，必须包括要求保护或可能被要求保护的所有特征。其他美国专利商标局已做的检索报告并不必然可以作为该审查前检索，除非其满足审查前检索的要求。

（6）在提交专利申请的同时，申请人必须提交支持加速审查的支持文件。这些支持文件包括信息披露声明（IDS），每个权利要求相对对比文件具有专利性的详细说明等。

以下申请不能要求加速审查：

——植物申请；

——重新授权申请；

——依《美国法典》第35编第371条进入美国的PCT国际申请；

——再审程序中的申请；

——继续审查的申请，除非该专利申请已在之前的程序中被认可为加速审查状态；

——因申请人健康原因或专利审查高速路领先程序（PPH Pilot Program）中已请

求特殊处理的专利申请。

在美国专利商标局，除上述的加速审查程序外，还建立了因申请人健康原因可以请求专利申请被特殊处理而加快审查，或通过专利审查高速路领先程序加快审查的制度。外观设计的加速审查也设有专门的程序。

特别需要注意，申请人在加速审查程序中答复审查意见的时间只有 1 个月，并且不能延期。如果在 1 个月内没有对审查意见作出答复，该申请将被视为放弃。

第 3 节　欧洲专利申请程序

1　《欧洲专利公约》的成员国

如果申请人希望在欧洲的少数几个国家申请专利，可以选择直接向这些国家提出专利申请。如果希望在比较多的欧洲国家获得专利保护，可以提交一件欧洲专利申请，或通过 PCT 国际申请进入欧洲的方式进行。

截至目前为止，《欧洲专利公约》（EPC）的成员国有 38 个，具体可查阅欧洲专利局官方网站（www.epo.org）。

2　一般申请程序

2.1　申请语言

欧洲专利申请可以以任何一种语言提交，但是欧洲专利局的官方语言是英语、法语和德语，如果申请不是以这三种语言之一提交的，需要提交翻译译文。

2.2　最低文件要求

获得欧洲专利申请日需要下列信息和文件：

（1）希望获得欧洲专利的意思表示；

（2）申请人信息；

（3）发明的说明书。

如果要求优先权的话，申请的同时必须提供在先申请信息。

如果没有提交权利要求书，可以在申请日起的 2 个月内提交。

2.3　检　索

欧洲专利局在完成形式审查后，会作出欧洲检索报告，列出所有可能影响本发明的新颖性和创造性的文件。检索报告是基于本专利申请的权利要求书作出的，但是也考虑了说明书和附图。检索报告一旦作出，就会随同一份引用的对比文件和关于权利要求和本专利申请是否满足欧洲专利局要求的初步意见，发给申请人。

2.4 专利申请的公布

自申请日（有优先权的，从最早的优先权日）起 18 个月届满后，该专利申请就会（通常与检索报告一起）公布。这时，申请人还有 6 个月的时间决定是否通过提出实质审查请求继续本申请。已经提出实质审查请求的申请人也会被要求确认专利申请是否需要继续。在上述期限内，申请人必须缴纳指定费。对 2009 年 4 月 1 日以后提交的申请，指定费与指定国的数量没有关系，而是固定费 555 欧元（全部指定国的指定费），因此，申请人不妨选择全部指定国。从公布之日起，欧洲专利申请获得临时保护。但是由于成员国本国法的限制，可能需要在某些国家提交权利要求的译文并公布，才能获得这种临时保护。

2.5 实质审查

提出实质审查请求后，欧洲专利局对该专利申请进行审查是否符合《欧洲专利公约》的要求及是否可以授予专利权。为了保证审查结果的客观公正性，一件专利申请由三个审查员组成的小组进行审查并作出决定，其中一个审查员负责与申请人联系。

2.6 专利权的授予

如果审查小组决定该专利申请可以被授权，就会发出授权通知书。一旦申请人提交了权利要求书的译文并缴纳了授权和公告的费用，授权的信息就会在《欧洲专利公报》上公告。授权决定自授权公告日起生效。

2.7 欧洲专利在成员国的生效

授权公告后，需要在一定时间内在各个指定国办理欧洲专利的专利权生效手续，这样才能使得该专利在相应国家获得保护并对侵权人采取行动。除了缴纳在成员国生效的官方费用（102 欧元/国）外，部分成员国还要求专利权人将权利要求书翻译成这些国家的官方语言，少数国家还要求说明书的翻译。

3 欧洲专利申请官费

欧洲专利申请的官费每两年（在偶数年）调整一次，从当年的 4 月 1 日起生效。2012 年 4 月 1 日起适用的发明专利的官费如表 4-6 所示。从中不难看出，欧洲专利官费中，权利要求超过 15 项以后的附加费比较高，另外，检索费和审查费也相对高。

表 4-6　欧洲发明专利官费

项　　目	费用（欧元）
申请费 - 纸件提交	200
申请费 - 电子提交	115
申请附加费 - 申请文件超出 35 页的部分，每页	14
权利要求附加费 - 超出 15 项部分	

续表

项　　目	费用（欧元）
——第 16～50 项，每项	225
——第 51 项之后，每项	555
检索费	1 165
全部缔约国指定费	555
延伸国指定费，每国	102
审查费	1 555
授权费和公布费	875

4 欧洲专利制度中的特色程序介绍

欧洲专利申请的审查程序与中国相对接近，以下几点需要申请人注意。

4.1 对检索报告中的负面意见的答复是强制性的

如果欧洲专利局的检索报告中所附的意见中有任何负面的评论，申请人必须在检索报告公布起 6 个月内给予答复。如果申请人没有对负面检索意见给予答复，申请会被视为撤回。

4.2 主动修改的机会

申请人有两次主动修改的机会，一次是在检索报告公布后并在收到第一次审查意见前，另一次是在对第一次审查意见进行答复时。

4.3 分案的机会

申请人主动提出的分案申请，必须在收到第一次审查意见通知书起 24 个月内提交。

如果在任何一次审查意见中审查员首次提出了没有单一性的反对意见，申请人可以为克服该反对意见在收到该次审查意见起 24 个月内提交分案申请。

4.4 加快审查程序

加快审查程序（Programme for accelerated prosecution of European patent applications，PACE）是欧洲专利局设置的一种加快检索和审查的程序。申请人并不需要缴纳任何费用，就可以享受加快检索和审查的待遇。

为了获得加快检索，申请人需要在欧洲提交专利申请时书面提出加快检索请求。欧洲专利局将在尽可能快的时间内作出包括检索意见的扩展检索报告。

为了获得加快审查，申请人可以在任何时间提出加快审查请求。但是为了保证请求更为有效，申请人最好在以下两个时间提出加快审查请求：

（1）提交专利申请时，如果同时提出了实质审查请求。

（2）在收到扩展的检索报告后对该检索报告的意见作出答复时。

在收到加快审查请求并且该专利申请已进入到欧洲专利局的实审部门后，欧洲专利局通常 3 个月内即可作出第一次审查意见。如果申请人能在指定的期限内作出答复（未请求延期），并且答复涉及全部问题，欧洲专利局的下一次审查意见也会在收到答复意见后的 3 个月作出。

特别要注意，如果申请人在答复审查意见时请求延期，则欧洲专利局不再适用加快审查程序。

加快审查请求不予公布，加快审查程序也不受外界监督。有些领域要求加快审查的申请过多，则欧洲专利局无力全部进行加快审查，只能进行选择。

除了 PACE 程序外，欧洲专利局也设有专利审查高速路（PPH）程序。

4.5 《伦敦协议》

一件欧洲专利申请被授权后，应在各指定国规定的时间内办理登记事宜，提交授权文本该国官方语言的译文，以使得该专利在该指定国生效。译文的要求使得翻译费用很高。2008 年 5 月 1 日生效的《伦敦协议》（Agreement on the application of Article65 of the Convention on the Grant European Patents），使得在其缔约国内不再需要或只部分需要译文，大大降低了申请人的负担。

截至 2012 年 2 月 1 日，《伦敦协议》的缔约国有 18 个。其中法国、德国、列支敦士登、卢森堡、摩纳哥、瑞士、英国不要求译文；拉脱维亚、立陶宛、马其顿、斯洛文尼亚不要求说明书译文，但需权利要求官方语言译文；格鲁吉亚、丹麦、芬兰、匈牙利、冰岛、荷兰、瑞典要求说明书为英文或其官方语言，权利要求为其官方语言。

4.6 异议程序

欧洲专利授权后，可以在欧洲专利局对其提出异议，也可以在各国的专利局或法院提出异议。在欧洲专利被授权后有 9 个月的异议期，任何人都可以在此期间向欧洲专利局提出对该专利的异议。

在欧洲专利局提出的异议是中心性的，如果异议成功使该欧洲专利被撤销或部分撤销，则该专利在各指定国对应的专利都被撤销或部分撤销。如果过了上述异议期或异议未能将该专利撤销，以后只能在各指定国分别对该国的专利进行异议或无效。

如果一件欧洲专利被欧洲专利局撤销，该撤销决定是终局的。但是，如果欧洲专利局维持或部分维持了一件欧洲专利，该专利在各指定国对应的专利仍然可能被无效。

实践中，专利权人为了提高其专利的稳定性而希望修改已被授权的专利，可以通过他人对其专利提出异议，以便在异议程序中修改其专利文本。

4.7 限制和撤销程序

对于已授权的欧洲专利，专利权人可以通过限制和撤销程序，通过修改权利要求对其进行限制，或对其予以撤销。限制和撤销程序是中心性的行政程序，其限制或撤销的结果对各缔约国的相应专利都有效。

限制或撤销的请求只能由专利权人向欧洲专利局提出。请求可以在欧洲专利的有效期内的任何时间提出，甚至可以在专利到期后提出。但是，如果存在未审结的异议，则不能提出限制或撤销请求。如果在异议进行期间提出了限制或撤销请求，则该请求被视为未提出。

限制或撤销的对象可以是被授权的欧洲专利或在异议或限制程序中被修改过的欧洲专利。因此，欧洲专利可以在被限制程序中被多次限制。

一旦限制程序中修改的权利要求被批准，该权利要求需要在3个月内被翻译成为其使用的欧洲专利局官方语言之外的另外两种欧洲专利局官方语言。并且，还需要在有要求的国家提交限制后的专利的完整译文。

限制或撤销的效果是自始的，即其效果可以追溯到专利的申请日而不是限制或撤销的批准日。对限制或撤销的决定不服，可以提出上诉。

4.8 衍生实用新型

在一些欧洲国家可以获得实用新型保护，比如在西班牙、匈牙利、波兰和土耳其，而在奥地利、比利时、捷克、德国、丹麦、爱沙尼亚、芬兰、葡萄牙、斯洛伐克甚至可以对同样发明授予专利权之外再授予实用新型专利。

在有些国家如德国、奥地利、丹麦，可以从一个在审查过程中的专利申请（包括国家申请，指定了该国的欧洲申请或PCT国际申请）衍生（branching）出一个实用新型申请。这个衍生出的实用新型申请可以享受原专利申请的优先权和申请日，并且对原专利申请的进程没有影响。

这个衍生实用新型申请一般最迟应在专利申请被批准或驳回后的2个月内提出。衍生实用新型制度给予专利申请人极大的便利。当一个欧洲申请的检索报告不太有利时，申请人可以选择提出衍生实用新型申请。当市场上发现侵权行为时，申请人可以及时提出衍生实用新型申请以及早获得实用新型保护，对侵权行为提出诉讼。并且，在提出衍生实用新型申请时，只要在原始申请公开的范围内，申请人可以针对侵权产品"量身定做"权利要求，以更好地制止侵权行为。

4.9 为获得临时保护而做的翻译

欧洲专利申请自公布之日起就可以获得临时保护。但是为了在某一个指定国获得临时保护，如果公布的文本不是该指定国的官方语言之一，申请人需要将权利要求翻译为该国官方语言之一并以该国规定的方式为公众所知，或者将翻译的权利要求送达可能的侵权人。

第4节　中国台湾、香港和澳门地区的专利申请

1　中国台湾地区的专利申请

1.1　申请类别

中国台湾地区专利包括发明专利、新型专利和新式样专利三种类型。其中，发明专利和新式样专利都要经过实质审查才能获得授权。中国台湾地区申请可以享有在先的大陆申请的优先权。

1.2　保护期限

发明专利 20 年，新型专利 10 年，新式样专利 12 年。

1.3　申请程序

1.3.1　发明专利

中国台湾地区发明专利的申请程序与大陆发明专利申请很相似。具体程序包括：

（1）递交申请，取得申请号。

（2）进行公布前的审查，经审查后符合台湾"智慧财产局"的规定，且没有不该公布的事项，将于自申请日（有优先权的，从最早的优先权日）起 18 个月后公布。

（3）自发明专利申请之日起 3 年内向台湾"智慧财产局"提出实质审查请求。

（4）经过实质审查获准审定，下发核准审定书。申请人需在 3 个月内缴纳颁证费用。

（5）专利文本在专利公报上公告，自公告之日起授予发明专利权并颁发证书。

（6）若专利申请被最终核驳，可以在收到再审核驳审定书 30 日内向台湾"经济部诉愿审议委员会"提出诉愿。

（7）任何人均可以在自专利授权公告之日起 3 个月内提出异议。

1.3.2　新型专利

（1）递交申请，取得申请号。

（2）进行形式审查，并作出是否授予专利权的审查决定。

（3）经形式审查后符合审查规定的，下发核准审定书。

（4）申请人在收到核准审定书后 3 个月内缴纳证书费及年费，新型专利将予以公告，下发专利证书。

（5）若专利申请被最终核驳，可以在收到再审核驳审定书的 30 日内向"经济部诉愿审议委员会"提出诉愿。

（6）任何人均可以在自专利授权公告之日起 3 个月内提出异议。

（7）新型专利公告后，任何人可向台湾"智慧财产局"申请新型专利技术报告。

如台湾"智慧财产局"认为新型专利中申请专利范围不具有新颖性或不具进步性,台湾"智慧财产局"在寄发新型专利技术报告结果前先寄发通知书,通知专利权人于一定期限内提出说明(通常为30日)。专利权人收到通知后无论是否提出说明,台湾"智慧财产局"将于30日后寄发正式的新型专利技术报告。

1.3.3 新式样专利

(1) 递交申请,取得申请号。

(2) 递交文件齐备后,审查员进行实质审查。

(3) 经实质审查后符合审查规定的,将下发核准审定书。

(4) 收到核准审定书后3个月内缴纳证书费及年费,新式样专利将予以公告,下发专利证书。

(5) 若专利申请被最终核驳,可以在收到再审核驳审定书30日内向台湾"经济部诉愿审议委员会"提出诉愿。

(6) 任何人均可以在自专利授权公告之日起3个月内提出异议。

2 中国香港地区的专利申请

2.1 申请类别

中国香港专利包括标准专利、短期专利,由《专利条例》规范。另外,由《注册外观设计条例》规范外观设计的保护。

2.2 保护期限

标准专利20年;短期专利4年,届满前可续展一次至8年;外观设计5年,可续展4次,每次5年,最长不超过25年。

2.3 申请程序

2.3.1 中国香港标准专利

2.3.1.1 两个步骤

标准专利申请不能直接在中国香港知识产权署提交,而是必须依据一份在中国、欧洲或英国的指定专利申请延伸到中国香港地区。有关手续分两步办理:

第一步:在指定专利申请(例如中国(内地)发明专利申请)公布后的6个月内向中国香港知识产权署办理登记手续,中国香港知识产权署将给予香港标准专利申请号,并经形式审查合格后公布该标准专利申请。

需要注意的是,如果PCT国际申请是在国家知识产权局提交的且是以中文公布的,中国香港地区专利申请的第一步登记手续需自中国(内地)专利申请国家申请号通知书发文日起6个月内完成。

第二步:在指定专利申请授权公告日起的6个月内向中国香港知识产权署办理注册手续,以最终获得香港标准专利的专利权。

香港标准专利的保护期限是从相应的基础专利的申请日起 20 年。

2.3.1.2 申请人变更的处理

中国香港标准专利申请要求提交第一步时记录的申请人必须与中国（内地）发明专利申请公布文本上的申请人一致。如果不一致，要同时提交相应证明文件，例如国家知识产权局关于申请人变更的手续合格通知书。

第一步提交之后，如果中国（内地）发明专利申请的申请人发生变化，中国香港知识产权署并不强制要求香港地区申请也必须同时变更，而是根据申请人的意愿。如果申请人有变更意愿，可随时提交变更申请。但是在办理第二步注册手续时，申请人需要与中国专利授权公告的专利权人一致。

申请人的变更如果是更名，不需要签署任何文件；如果是转让，同时提交转让合同。因为可采取电子提交方式，转让合同为复印件即可。

2.3.2 中国香港短期专利

中国香港短期专利可以直接向中国香港知识产权署提出申请，也可以基于 PCT 进入中国国家阶段的申请提出。在后一种情况下，申请人须在国家知识产权局发出国家申请号通知书后 6 个月内，提出短期专利申请。具体程序如下：

（1）向中国香港知识产权署提交短期专利申请文件，包括：注册申请表格、完整的申请文件和香港短期专利检索报告。

（2）中国香港知识产权署专利注册处将审查有关申请是否符合形式上的规定，包括注册申请表格、申请文件以及检索报告。如短期专利申请符合形式上的规定，注册处会批予短期专利及发出证明书，并在《香港知识产权公报》刊登公告。

2.3.3 中国香港外观设计

中国香港的外观设计可以是单件申请，也允许递交多项设计合并申请，对于属于洛迦诺分类表中同一大类的物品或同一套件的物品，申请人可以在同一注册申请内填报多项外观设计。

外观设计申请程序如下：

（1）向中国香港知识产权署提交外观设计申请文件，包括：注册申请表格、外观设计图片和设计说明。

（2）中国香港外观设计注册处将对申请作形式上的审查。形式审查是指审查申请表格所规定的资料。中国香港外观设计注册处不对外观设计申请作实质的审查或翻查已经注册的外观设计的记录。

若外观设计申请未能符合形式上的规定，中国香港外观设计注册处将通知申请人在 3 个月内更正不足之处。申请人若未能依期更正，其申请将会被视为撤回。

（3）注册及发表：若申请符合形式上的规定，中国香港外观设计注册处给予外观设计注册，在《香港知识产权公报》刊登该注册公告，并发出一份注册证明书。申请人在提交申请后通常在 2 个月内便可获发注册证明书。

3 中国澳门地区的专利申请

3.1 申请类别

中国澳门专利包括发明专利、实用专利和外观设计专利三种类型。三种专利申请都需要经过实质审查才能获得授权。

3.2 保护期限

发明专利 20 年，实用专利 10 年，外观设计专利 25 年。

3.3 申请程序

3.3.1 在中国澳门提交发明专利申请的两种途径

（1）中国（内地）发明专利延伸至中国澳门生效。

具体步骤如下：

（i）自中国（内地）专利授权公告后 3 个月内，提出发明专利延伸申请，提交专利登记簿副本及专利说明书副本。由于此期限不能延长，申请人应尽早准备相关文件，并于 8 个工作日内缴纳延伸申请费用。

（ii）中国澳门经济局于缴纳费用起的 2 个月内，对申请进行形式审查。

（iii）如专利申请符合形式审查规范，在《澳门特别行政区公报》上刊登批准延伸公告。

（iv）刊登批准延伸公告 1 个月内，任何人可提起上诉；如无上诉，申请人应在上诉期届满后，或当有上诉提出时，在获知法院的确定裁判后 5 个工作日内，凭中国澳门经济局发出的已缴纳申请费用的收据正本，前往中国澳门经济局领取专利注册证。

目前，比较多的申请人选择这种方式。

（2）直接递交中国澳门专利申请。

具体步骤如下：

（i）在中国澳门递交发明专利申请，并于 8 个工作日内缴纳注册申请费用。

（ii）中国澳门专利局于缴纳费用起的 2 个月内，对申请进行形式审查。

（iii）如专利申请符合形式审查规范，将于申请日或最早的优先权日起 18 个月后在《澳门特别行政区公报》上刊登申请公告。自刊登公告日起至授予发明专利权之日止，任何第三人均可以书面形式就有关的注册申请提出异议。

（iv）申请人应自申请之日起 7 年内提出实质审查请求并缴纳实质审查费用。否则，有关的注册申请将被驳回。

（v）实质审查符合要求，且无异议或异议不成立，刊登授权公告。

（vi）授权公告 1 个月内，任何人可提起上诉；如无上诉，申请人应在上诉期届满后，或当有上诉提出时，在获知法院的确定裁判后 5 个工作日内，凭中国澳门经济局发出的已缴纳申请费用的收据正本，前往中国澳门经济局领取专利注册证。

在没有相应的中国（内地）专利申请，或中国（内地）专利申请授权前景不乐观时，申请人倾向于选择这种方式申请。

3.3.2 实用专利

（1）递交实用专利申请，并于8个工作日内缴纳注册申请费用。

（2）中国澳门经济局于缴纳费用起的2个月内，对申请进行形式审查。

（3）如专利申请符合形式审查规范，将于申请日或最早的优先权日起18个月后在《澳门特别行政区公报》上刊登申请公告。自刊登公告日起至授予实用专利权之日止，任何第三人均可以书面形式就有关的注册申请提出异议。

（4）自申请之日起4年内提出实质审查请求并缴纳实质审查费用。否则，有关的注册申请将被驳回。

（5）实质审查符合要求，且无异议或异议不成立，刊登授权公告。

（6）授权公告1个月内，任何人可提起上诉；如无上诉，申请人应在上诉期届满后，或当有上诉提出时，在获知法院的确定裁判后5个工作日内，凭中国澳门经济局发出的已缴纳申请费用的收据正本，前往中国澳门经济局领取专利注册证。

3.3.3 外观设计注册

（1）递交外观设计申请，并于8个工作日内缴纳注册申请费用。

（2）中国澳门经济局于缴纳费用起的2个月内，对申请进行形式审查。

（3）如专利申请符合形式审查规范，将于申请日或最早的优先权日起12个月后在《澳门特别行政区公报》上刊登申请公告。自刊登公告日起至授予外观设计专利权之日止，任何第三人均可以书面形式就有关的注册申请提出异议。

（4）自申请之日起30个月内提出实质审查请求并缴纳实质审查费用。否则，有关的注册申请将被驳回。

（5）实质审查符合规范，且无异议或异议不成立，刊登授权公告。

（6）授权公告1个月内，任何人可提起上诉；如无上诉，申请人应在上诉期届满后，或当有上诉提出时，在获知法院的确定裁判后5个工作日内，凭中国澳门经济局发出的已缴纳申请费用的收据正本，前往经济局领取专利注册证。

第 5 章　外观设计申请

第 1 节　中国外观设计申请

中国外观设计申请在事务和流程与发明申请、实用新型申请大致相同，因此本节仅介绍中国外观设计申请所特有的代理实务。

1　申请前咨询

在接受申请人的委托之前，代理人需要判断要递交的外观设计申请是否属于不授予专利权的情形，以及是否有可能进行合案申请。这样，或者可以避免发生外观设计申请提交后不能获得授权的问题，或者可以为申请人节省一定的费用。

1.1　不授予外观设计专利权的情形

《专利法》在第 2 条第 4 款、第 5 条第 1 款、第 25 条第 1 款第（6）项分别规定了外观设计的定义以及不授予外观设计专利权的情形，代理人需要注意判断申请人想要保护的外观设计是否属于这些法律条款所规定的情形。

1.1.1　不符合外观设计的定义

《专利法》第 2 条第 4 款规定："外观设计，是指对产品的形状、图案或者其结合以及色彩与形状、图案的结合所作出的富有美感并适于工业应用的新设计。"

代理人在接受外观设计申请委托之前，需要从上述外观设计的定义出发，并结合中国外观设计申请的审查实务，判断申请人申请保护的外观设计是否属于不授权的客体。例如，如果申请人想要申请的是以产品的不可分割的局部为载体的部分外观设计，或产品形状、图案、色彩中的任一不能确定的外观设计，或电脑屏幕标识、图标等通电后显示的图案，代理人应当告知申请人因不符合外观设计的定义，不能被授予外观设计专利权。

1.1.2　违反法律、社会公德、或者妨害公共利益

《专利法》第 5 条第 1 款规定："对违反法律、社会公德或者妨害公共利益的发明创造，不授予专利权。"

例如，对于例如带有人民币图案的床单的外观设计，带有暴力凶杀或者淫秽内容的外观设计，或者以中国国旗、国徽作为图案内容的外观设计，代理人应当向申请人

说明，由于违反《专利法》第5条第1款的规定，不能接受递交此类外观设计申请的委托。

1.1.3 属于主要起标识作用的平面印刷品

《专利法》第25条第1款第（6）项规定："对下列各项，不授予专利权：……（6）对平面印刷品的图案、色彩或者二者的结合作出的主要起标识作用的设计。"

对于平面印刷品的外观设计，代理人可以从外观设计产品的内容来判断是否主要起标识作用。如果外观设计的主要内容在于使公众识别所涉及的产品、服务的来源，则可认为该外观设计主要起标识作用。代理人在发现这种情形时，应当建议申请人不递交外观设计申请。

1.2 合案申请

在实践中，申请人在向市场推出一项新产品之前，通常会开发出多种相似的外形方案，例如图5－1所示的三款相似的饮水瓶。还有一些申请人可能会同时地生产和销售多件密切关联的产品，例如图5－2所示的成套使用的桌椅，并且有时候这些产品的件数比较多。在上述两种情况下，代理人可以建议申请人以合案的方式递交外观设计申请，以达到有效保护产品的外观设计和节省费用的双重目的。

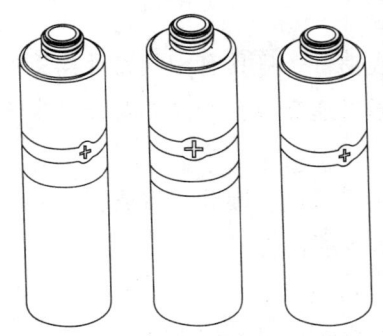

图5－1　三款相似的饮水瓶　　　　图5－2　成套使用的桌椅

1.2.1 相似外观设计的合案申请

一方面，如果申请人对同一新产品开发出多项相似外观设计，代理人可以建议申请人将这些相似外观设计进行合案申请。这样，可防止竞争对手通过模仿或简单修改其新产品的外观，就达到规避外观设计专利权的目的。同时，通过在同一件申请中提交同一产品的多项相似外观设计，在不增加申请费用和专利年费的前提下，申请人获得的外观设计专利权能够覆盖更大的保护范围。

另一方面，对于同一产品的可能构成相近似的多项外观设计，如果分别进行个案递交而不是合并在一件申请中，则一部分外观设计专利有可能会在获得授权后因违反禁止重复授权原则而被无效。

多项相似外观设计的合案申请在授权之后，其所包含的各项相似外观设计是相对独立的。如果其中一项外观设计被宣告无效，并不必然导致其余各项外观设计也被宣告无效。

同一产品的两项以上相似外观设计要想作为一件申请提出，需要同时满足以下几个条件：

（1）相似外观设计的数量不超过 10 个；

（2）属于同一产品的相似外观设计；

（3）其他外观设计与在简要说明中指定的基本外观设计构成相似。

判断其他外观设计与基本外观设计是否相似的原则是：经整体观察，如果其他外观设计和基本外观设计具有相同或者相似的设计特征，并且二者之间的区别点在于局部细微变化、该类产品的惯常设计、设计单元重复排列或者仅色彩要素的变化等情形，则通常认为二者属于相似的外观设计。

在递交相似外观设计的合案申请时，对基本外观设计的选择很重要。如果基本外观设计选择不恰当，会导致其他外观设计与被选择的基本外观设计不构成相似，从而不能够合并在一件申请中进行保护。为了避免上述情况的发生，在外观设计申请的简要说明中，可以将设计特征属于中性、但是经过适当扩展变型后能成为其他外观设计的一项外观设计，提定为基本外观设计。

1.2.2 成套产品的多项外观设计的合案申请

如果申请人计划就属于同一类别、同时生产或销售、且具有相同设计构思的多件产品申请外观设计专利，代理人可以提示申请人通过递交成套产品外观设计申请来实现保护的目的。

一件申请中包含的成套产品外观设计的数量不受限制。因此，将成套产品的各个外观设计进行合案申请，能够极大地为申请人节省各项费用。

除了节省费用之外，成套产品外观设计申请还具有以下特点：在成套产品外观设计申请获得授权之后，合案申请中的各个套件的外观设计专利权是完全独立的，其中一个套件的外观设计专利权被无效，并不影响其他套件的外观设计专利权的有效性。同时，侵犯任何一个套件的外观设计专利权，都视为侵犯申请人的外观设计专利权。

成套产品外观设计的合案申请，需要同时满足以下四个条件：

（1）成套产品的各个套件属于《国际外观设计分类表》中的同一大类；

（2）各个套件习惯上同时出售或者同时使用，并具有组合使用价值；

（3）各个套件的设计构思相同；

（4）各个套件的外观设计单独具备授权条件。

表 5-1 中列出可合案保护的常见成套产品。

表 5-1 可合案递交外观设计申请的成套产品

成套产品名称	类别	包含的常见产品
咖啡器具	07 大类	咖啡杯、咖啡壶、糖罐、牛奶壶
成套茶具	07 大类	茶壶、茶杯和茶碟
餐用器具	07 大类	餐刀、餐叉和汤匙
成套酒具	07 大类	酒壶和酒杯
床上用品套件	06 大类	床单、枕套、床罩、被罩和靠垫套
成套外衣	02 大类	上衣和裤子
成套内衣	02 大类	胸罩和内裤
成套沙发	06 大类	单人位、双人位、三人位沙发以及脚凳
成套茶几	06 大类	主茶几和副茶几
成套音箱	14 大类	中置音箱、环绕音箱等
成套标贴	19 大类	产品不同部位的标贴，例如瓶不同部位的标贴、摩托车不同部位的贴花
成套卧室家具	06 大类	床、床头柜、床垫和衣柜
成套办公家具	06 大类	办公桌、椅子和文件柜
成套餐用家具	06 大类	餐桌、餐椅和餐具架
成套家具	06 大类	梳妆台和梳妆凳
成套餐具	07 大类	碗、盘、碟、勺
成套围巾和手套	02 大类	围巾和手套
成套工具	08 大类	钳子、起子和锤子

1.2.3 组件产品的外观设计

组件产品是指由多个构件组合而形成的一件组合型产品。组件产品的各个构件之间具有形态构成上或使用过程中的紧密联系，结合在一起才能实现该产品的用途，体现其使用价值。因此，组件产品的外观设计具有不同于相似外观设计和成套产品外观设计的特别规定和实务。

对于组装关系唯一的组件产品（例如由榨汁杯、刨冰杯与底座组成的榨汁刨冰机），其外观设计专利权取决和对应于在组合状态下的整体外观设计，因此代理人需要提交该组件产品在组合状态下的各个视图，以清楚地显示请求保护的组件产品的外观设计，但是可以不提交各构件的视图。

对于组装关系不唯一的组件产品（例如积木、插接组件玩具产品），以及对于各构件之间无组装关系的组件产品（例如扑克牌、象棋棋子），其外观设计专利权取决和对应于组件产品的所有单个构件的外观设计，因此代理人需要提交各个构件的视图，并且每一个构件均应符合基本的视图要求，但是可以不提交组合状态下的视图。

在外观设计专利的实务中，有时会出现以下情形：

(1) 相似外观设计申请中的产品是组件产品；

（2）成套产品外观设计申请中的各个套件是组件产品。

国家知识产权局的审查实践不允许在成套产品的外观设计申请中再进一步地包括各个套件产品的多项相似外观设计。例如，在一件由钳子、起子和锤子等三个套件组成的成套工具的外观设计申请中，不允许再包括其中一个套件（例如钳子）的多项相似外观设计。

在国家知识产权局的审查实务中，还有一些特殊产品难以确定是属于成套产品还是属于组件产品。例如，组合沙发、汽车用脚垫以及同一产品不同部位的标贴、贴花等，既可以被视为成套产品，也可以被视为组件产品。

以三件式组合沙发为例，其由三个独立的沙发组成，每个沙发都具有独立的使用价值，符合成套产品的构成条件，可以视为成套产品中的一个套件。同时，三个沙发之间具有明确的组装关系，能够组装成一个三人位的组合沙发，因此也可以视为组件产品。对于这种特殊产品，代理人应当尽可能地将它们作为成套产品来递交外观设计申请，以有利于申请人对外观设计专利权的行使和保护。

2　外观设计申请文件的准备

外观设计申请文件主要包括请求书、外观设计的图片或照片以及简要说明等部分。以下仅介绍外观设计的图片或照片以及简要说明这两个部分。

2.1　外观设计的图片或照片

在递交外观设计申请时，代理人应该确保将要提交的外观设计图片或者照片能够满足有关视图的各种规范要求。

2.1.1　视图的数量要求和清楚表达的要求

正投影视图和立体图一起构成立体产品外观设计的基本视图。立体产品的正投影视图包括主视图、后视图、左视图、右视图、俯视图和仰视图。

立体产品外观设计的设计要点仅涉及一个或多个面的，代理人可建议申请人只提交所涉及面的正投影视图和立体图，此时已能够满足有关外观设计视图的递交要求。一般情况下，在已有足够数量的正投影视图的情况下，例如已提交立体产品的三个彼此相邻的面的正投影视图，并且所提交的正投影视图已经清楚表达外观设计，则可以不提交立体图。

就平面产品的外观设计而言，如果设计要点仅涉及一个面，代理人可建议申请人只提交该面的正投影视图。

除了六面正投影视图和立体图等基本视图之外，代理人还可以在递交的外观设计申请中包括剖视图（或剖面图）、放大图、展开图、使用状态图、变化状态图、参考图等视图，以便更清楚地显示请求保护的外观设计的必要设计特征。需要注意的是，在上述几种视图中，参考图具有特别的含义，其通常用于表明使用外观设计的产品的用途、使用方法或者使用场所等。除参考图之外，其他几种视图中均不得出现外观设计产品之外的其他内容。

代理人在提交外观设计申请的视图时，需要确保所提交的视图能够清楚地显示要求保护的外观设计。"清楚地显示"有两个方面的含义，一是所提交的视图能够唯一地确定产品的形状和/或图案（和/或色彩）。例如，对于图5-3所示的灯泡，如果代理人在简要说明中写明该产品是回旋体，则提交的主视图和仰视图已经清楚地显示该灯泡的外观设计。

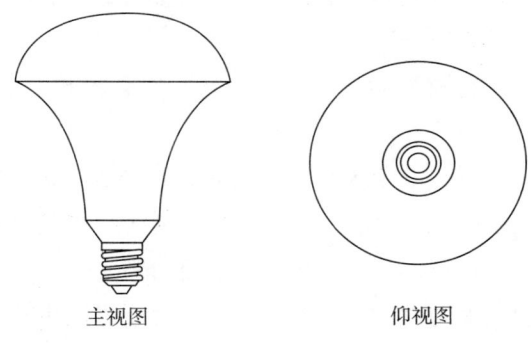

图5-3 灯泡的外观设计

"清楚地显示"的第二个含义是，所提交的视图具有适当的线宽和分辨率，能够满足专利授权公告时的出版需要。所提交的视图不符合这两个含义中的任何一个，都有可能会被认为不能"清楚地显示"要求保护的外观设计，从而不被授予外观设计专利权或者被宣告无效。

2.1.2 制图和拍摄规范

产品的外观设计应当使用产品的图片或者照片来表示。外观设计的图片需要参照技术制图和机械制图国家标准中的有关正投影关系、线条宽度、以及剖切标记的规定进行绘制。

其中图片类型的视图进一步包括线条视图和渲染视图。外观设计的照片的拍摄也应当尽可能地遵循正投影规则，并尽可能地避免发生透视或变形。

线条视图，是指用线条来表达产品的形状或轮廓等设计要素。线条视图适合于表达以形状为主要设计要素的外观设计，可使用绘图笔进行手工绘制，或者使用计算机绘图软件进行绘制。

渲染视图，是利用计算机造型或建模软件生成的产品效果图。渲染视图类型的图片需要具有足够的分辨率，同时需要避免出现色彩明度差异不明显方面的问题。

照片视图，是按照正投影规则拍摄的产品照片，也包括使用计算机进行后期处理的照片视图。照片视图所表达的外观设计产品的立体感较强，通常不会出现视图不对应等缺陷，但是容易出现产品表面反光、因透视发生变型等问题。

2.2 外观设计的简要说明

简要说明是外观设计申请文件的必要组成部分，外观设计申请如果缺少简要说明将不被受理。代理人在递交外观设计申请时应当同时提交简要说明，并且在简要说明中包括外观设计产品的名称、用途、设计要点以及指定一幅最能表明设计要点的图片或者照片等四项必备内容。

在代理实践中，代理人可以通过以下几种方式来描述外观设计的设计要点：

（1）通过指定外观设计的构成要素来描述设计要点，例如"本外观设计的设计要点在于产品的形状和图案的结合"；

（2）通过指定产品部位来描述设计要点，例如"本外观设计的设计要点在于产品的把手部位"；

（3）通过提交参考图并结合简要说明来描述设计要点，例如在参考图中对产品的设计要点部分添加剖面线标记或色块，同时在简要说明中描述"本外观设计的设计要点在于参考图中的剖面线标记部分（或色块表示部分）"。

对于请求保护色彩的外观设计，代理人应当在简要说明中写明"本外观设计申请请求保护色彩"。对同一产品的多项相似外观设计提出一件外观设计申请的，代理人需要在简要说明中指定其中一项作为基本设计，否则会收到国家知识产权局发出的补正通知书。

3 对官方通知书的答复

3.1 补正通知书

在外观设计专利申请的初步审查程序中，代理人可能会收到国家知识产权局发出的补正通知书，要求克服存在于申请文件中的可补正克服的形式缺陷。代理人需要注意，如果已收到针对同一形式缺陷发出的两次补正通知书、且经陈述意见或者补正修改后仍然没有消除该形式缺陷的，该外观设计申请有可能被驳回。

在外观设计专利代理实务中，以下几种形式缺陷经常出现在外观设计的图片或照片中：

（1）各个视图的方向颠倒，或者各个视图之间的显示比例不一致。

例如，在图5-4所示的汽车的外观设计视图中，后视图的方向发生颠倒，并且左视图与主视图的比例不一致，这些都属于需要经补正修改而克服的形式缺陷。

（2）各个视图之间的投影关系不对应，或者视图不符合正投影规则。

例如，在图5-5所示的手机的外观设计视图中，主视图上侧的听筒部分和下侧的按钮部分与立体图中的对应部分表达不一致，从而导致投影关系不对应或不符合正投影规则。

（3）外观设计图片或者照片不清晰。

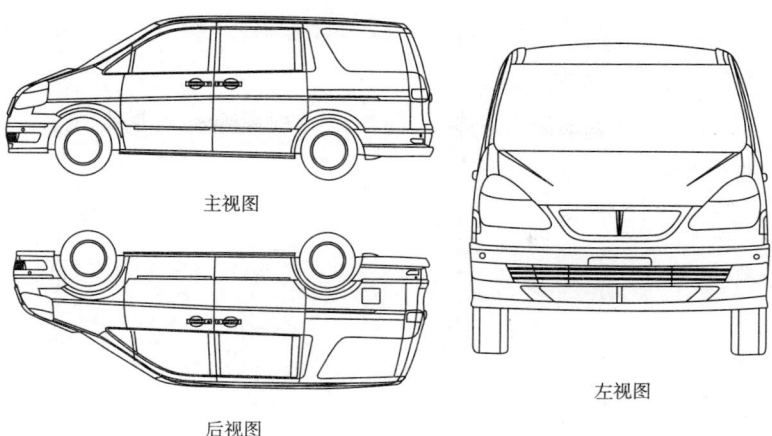

图 5-4　汽车的外观设计

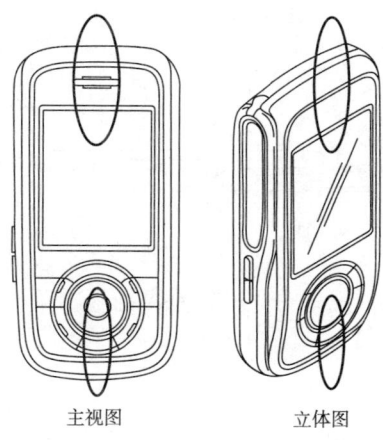

图 5-5　手机的外观设计

例如，图 5-6 所示的自行车的外观设计的视图分辨率较低，并且线条模糊和重叠。

图 5-6　自行车的外观设计

（4）外观设计图片或者照片中包含有应删除或修改的线条，如阴影线、指示线、虚线、中心线、尺寸线、点划线等。

例如，在图 5-7 所示的婴儿座椅的外观设计视图中，包括虚线、阴影线、指示线、数字、地平线等应当删除的内容。

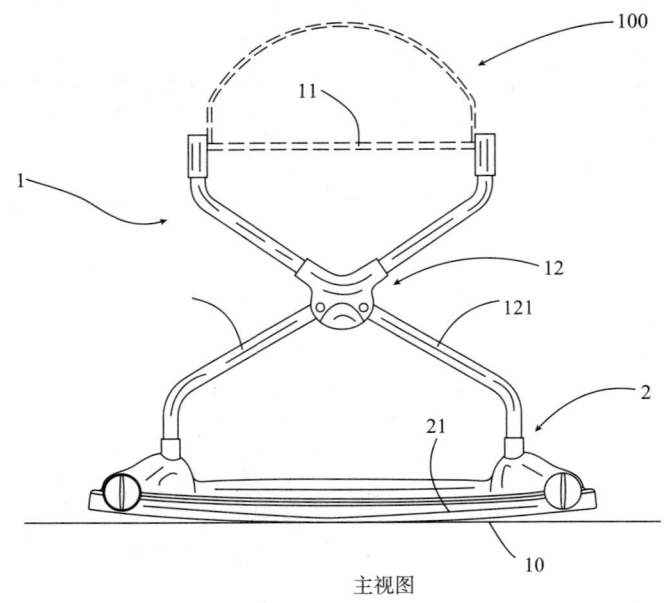

主视图

图 5-7　婴儿座椅的外观设计

3.2　审查意见通知书

如果外观设计申请中存在以下几种情形，代理人会收到国家知识产权局发出的审查意见通知书：

（1）属于明显的抄袭；

（2）属于不授予外观设计专利权的主题；

（3）不符合单一性规定；

（4）没有清楚地显示外观设计；

（5）修改超范围；

（6）明显不符合禁止重复授权原则。

在收到审查意见通知书后，代理人需要特别谨慎地对待，因为如果不能有效地消除审查意见通知书中所指出的缺陷，该外观设计申请将会被驳回。代理人需要对照外观设计的图片或照片以及简要说明，判断审查员在审查意见通知书中所指出的法律依据和事实理由是否成立。在必要的时候，代理人可与审查员进行电话沟通，以便根据《专利审查指南 2010》的相关规定、申请人的指示、以及有利于申请人的原则，对外观设计的图片或者照片进行修改或者对审查意见通知书进行针对性答辩。

例如，如果一件申请包括同一产品的多项相似外观设计，在收到审查员关于不符合单一性规定的审查意见通知书之后，代理人可以建议申请人争辩该外观设计申请符合合案申请的相关规定；或者建议申请人删除审查员不认可的那一部分外观设计的视图，并就此提出分案申请。

由于审查意见通知书所针对的各种缺陷都有可能导致外观设计申请被驳回，代理人应当在递交外观设计申请之前认真核查外观设计申请，以提前消除这几种缺陷。例如，在准备外观设计申请文件的过程中，代理人发现同一申请人计划提交的同一产品的几项外观设计之间的差异非常细微。代理人应当意识到，如果将这几项外观设计分成几个不同的外观设计申请进行递交，则其中一部分外观设计申请极有可能由于不符合禁止重复授权原则而被驳回或在授权后被宣告无效。但是，如果将这些差异非常细微的、同一产品的几项外观设计合并在一件申请中作为相似外观设计来提交，则可以有效地避免上述风险。

4 外观设计电子申请

通过电子申请客户端软件（CPC）来递交外观设计电子申请，能够确保外观设计的图片或照片在没有任何质量损失的情况下传输至国家知识产权局的外观设计数据库，并且极大地加速外观设计申请的审查和授权程序。

以下介绍外观设计电子申请的提交规范和相关注意事项。

4.1 图片或照片

4.1.1 图片或照片的格式

目前 CPC 支持的图片格式为 JPEG 或 TIFF（包括扩展名为 jpg、jpeg、tif 和 tiff 的图片文件），图片大小应当不大于 150mm×220mm，图片分辨率应当在 72dpi~300dpi 之间。

4.1.2 图片或照片的制作和处理

在准备外观设计电子申请的图片或照片时，代理人可以使用任何能够生成并处理 JPEG 或 TIFF 图片的计算机软件。推荐使用的图片制作处理软件有 Photoshop、AutoCAD、ACDSee。Photoshop 可以容易地设定图片或照片的尺寸大小和分辨率，并且对视图的投影关系不对应之处进行修改。AutoCAD 可以将矢量格式的图片转换成 CPC 所接受的图片格式，而 ACDSee 可以方便快速地浏览多幅图片或照片并将多种类型的图片转换为 JPEG 或 TIFF 类型。

4.1.3 图片或照片的排版

外观设计电子申请的图片或者照片是以单幅视图为单位进行提交，并且一个 JPEG 或 TIFF 格式的图片中只允许显示外观设计的一幅视图。为了满足公告和出版的要求，代理人需要确保外观设计的视图居中布置并尽可能地充满图面，不留多余的空白。

4.1.4 其他注意事项

视图名称可以在 CPC 的下拉菜单中编辑，或者在相应的输入域中输入。在图片或照片中不应当包括视图名称。

代理人在使用图片处理软件来制作和处理外观设计图片或者照片时，要注意尺寸大小和分辨率之间的关系。为了避免出现各个视图彼此不对应的缺陷，代理人可首先将各个图片或照片的分辨率设定为相同，然后再调整各个视图的尺寸为彼此相对应。在使用 Photoshop 软件调整图片或照片的尺寸时，代理人要特别地注意确保其横向和纵向尺寸成同一比例地进行改变。

为了核对外观设计的电子视图或照片是否具有足够的分辨率或者相应尺寸是否一致，代理人可在递交电子申请之前打印一份纸件视图进行核对。

4.2 简要说明

在 CPC 提供的简要说明空白模版中，已经默认给出简要说明的四项必备内容。代理人在准备简要说明时，只需逐一填写即可。

但是，对于某些外观设计申请而言，省略视图、请求保护色彩以及对多项相似外观设计中的基本设计的指定，都属于简要说明的必要组成部分。由于这几项内容在电子申请的简要说明空白模版中没有任何提示和说明，代理人对此应给予特别的重视，以免漏写。

5 要求国外优先权的外观设计申请

要求国外优先权的外观设计申请的一个重要特点是，在外观设计申请递交至国家知识产权局之前，申请人已经就该外观设计向外国专利局递交过申请。以下将介绍代理人在代理这一类型的外观设计申请时应注意的事项。

5.1 确保享有在先申请的优先权

对于这一类型的中国外观设计申请而言，在先申请可能会在国外优先权日之后、中国外观设计申请日之前公开或公布。如果不能有效地享有在先申请的优先权，中国外观设计申请将有可能会因丧失新颖性而不能获得授权或被无效。因此，有效地享有在先申请的优先权是至关重要的。

在接受委托并递交这一类型的外观设计申请之前，代理人需要确保时间仍然处在可要求优先权的 6 个月期限内。代理人还需要比较在先申请的外观设计视图和申请人提供的将在中国提交的外观设计视图，分析两者的异同，并进行判断。如果将要在中国外观设计申请中提交的视图与在先申请的视图不完全相同，但是区别仅在于以下几个方面，则中国外观设计申请在通常情况下可以享有在先申请的优先权：

（1）在先申请仅包括立体图，而申请人提供的、将要在中国外观设计申请中提交的视图中还包括有从立体图中可以看到的正投影侧视图；

（2）在先申请的视图中包括有阴影线，而在申请人提供的视图中已经删除阴影线；

（3）在先申请的视图的线条不连续或不清晰，而在申请人提供的视图中的线条连续、粗细合适并且均匀；

（4）在先申请中包括有多幅相同或对称的视图，而在申请人提供的视图中仅提供了其中一幅视图，并且不打算提交其他相同或对称的视图；

（5）在先申请包括有彩色视图，而申请人要求在中国外观设计申请中的外观设计同时保护色彩或者不要求保护色彩；

（6）在先申请的保护主题是使用实线和虚线相结合来表示的部分外观设计（partial design），申请人将在先申请视图中的虚线部分全部改为实线；或者，从在先申请的视图来看，其实线所表示的部分是整体产品的一个独立且可分割的部件，而申请人打算在中国外观设计申请中保护实线部分所对应的整体产品的独立部件。

与之相反，如果代理人在经过比较和判断之后发现，申请人将要在中国外观设计申请中提交的视图与在先申请的视图不相同，且无法从在先申请的申请文件中明确地找到修改依据，则代理人应当建议申请人提交原始申请的视图，或提交其他虽不相同、但所做修改并不超出在先申请的原始视图内容，以确保中国外观设计申请能够享有优先权。

5.2 授权客体和视图的核查

各个国家对于外观设计定义和授权客体的规定都不相同，从而导致在一些国家能够获得授权的外观设计客体，例如部分外观设计和电子产品通电界面，在中国则属于不授予专利权的对象。因此，代理人在接受申请人的委托之前，需要认真地核查申请人计划提交的外观设计是否符合《专利法》第 2 条关于外观设计定义的规定、第 5 条关于违反法律妨害社会公德妨害公共利益的规定、第 25 条第 1 款第（6）项关于不授予专利权的规定。对于确实属于上述条款所对应的情形，代理人应当建议申请人不递交申请。

此外，国外申请人在指示递交要求国外优先权的外观设计申请时，其所提供的视图通常是最初向外国专利局提交的视图。这种视图通常满足外国专利局对于外观设计视图的要求和规范，但是不一定符合国家知识产权局对于外观设计视图的规定（例如含有虚线和阴影线）。因此，代理人在接到申请人的指示之后，需要核查申请人提供的外观设计视图是否符合《专利审查指南 2010》中对外观设计视图的相关要求，并且在时间允许的情况下建议申请人在递交申请前按照《专利审查指南 2010》的相关规定对外观设计视图进行修改，以尽可能避免收到补正通知书或审查意见通知书。

5.3 合案申请或者分开申请

一件中国外观设计申请可以包括不多于 10 项的同一产品的相似外观设计，或者包括多个成套产品的外观设计。国家知识产权局并不会因为一件外观设计申请中含有多项相似外观设计或多个成套产品的多项外观设计而加收申请费、年费等费用。如果可能的话，代理人应该建议申请人将在先申请中符合上述规定的多项外观设计合并在一项中国外观设计申请中提交。

此外，外国专利局对外观设计合案申请的要求通常不同于国家知识产权局的规定。例如，在欧盟可以在一件注册式外观设计申请中提交多达 100 项外观设计，需要满足的条件是这些外观设计所应用的产品属于国际外观设计分类表的同一大类。如果遇到这种情况，代理人需要建议申请人递交分开的多项中国外观设计申请，以分别保护原先合并在一件在先申请中提交的多项外观设计。

5.3.1 合案申请的情形

以下将介绍多件在先外观设计申请在中国进行合案申请的两种情形。

（1）多个在先申请的申请日和申请号不同（不论在先受理机构是否相同），只要这些在先申请是涉及同一产品的相似外观设计，并且都在从最早的优先权日起的 6 个月期限内，申请人可以将这些在先申请涉及的、不多于 10 项的相似外观设计合并在一件中国外观设计申请进行提交。

（2）多个在先申请的申请日和申请号不同（不论在先受理机构是否相同），只要这些在先申请涉及属于国际外观设计分类表的同一大类、成套出售或者使用的多件产品的外观设计，并且都在最早的优先权日起的 6 个月期限内，申请人可以递交一件中国外观设计申请来保护这些在先申请所涉及的外观设计。

需要注意的是，要想确保一件中国外观设计申请能够享有多项在先申请的优先权，申请日应当是在从最早的优先权日起算的 6 个月内。

5.3.2 不能合案申请的情形

中国外观设计申请的单一性局限于同一产品的相似外观设计和成套产品外观设计这两种情形。一些国家的外观设计实务对合案申请的要求比较宽松。因此，如果代理人发现在先申请中的多项外观设计不符合上述合案的规定，可以建议申请人将一件在先申请拆分成多件中国外观设计申请进行递交。

第 2 节　向国外递交外观设计申请

为了方便申请人在世界各个国家和地区对外观设计进行注册和保护，瑞士、德国等国家于 1925 年在荷兰缔结了《工业品外观设计国际注册海牙协定》（以下简称《海牙协定》）。截至 2012 年 4 月 13 日，《海牙协定》的缔约国共有 60 个。外观设计的国际注册或者由 WIPO 国际局直接受理，或者通过各个缔约国的主管局受理。外观设计国际注册后的效力可及于各个缔约国。中国不是《海牙协定》的缔约国，中国申请人目前无法利用《海牙协定》对外观设计进行国际注册和保护。

如果中国申请人计划向国外递交外观设计申请以获得外观设计保护，代理人可建议申请人先递交中国外观设计申请，然后通过巴黎公约途径在申请日起的6个月内向国外递交相应的外观设计申请。

目前大多数国家和地区对外观设计申请采取注册制或者实质审查制。以下将以欧盟和美国为代表，分别介绍注册制和实质审查制的相关情况。对其他主要国家和地区的外观设计制度基本情况，将采取列表的形式进行说明。

1 欧盟外观设计申请

申请人可以通过三种途径在欧盟的各个成员国进行外观设计注册。第一个途径是单独向各个欧盟成员国的主管局递交外观设计申请，第二个途径是通过《海牙协定》递交国际外观设计注册、并且选择和指定欧盟提供保护。最后一个途径也是目前最主要的一个途径，即向设立在西班牙阿利坎特市的欧洲内部市场协调局（以下简称OHIM）递交注册式共同体外观设计申请。

根据欧盟理事会在2001年通过的《共同体外观设计保护条例》（Council Regulation（EC）No 6/2002 of 12 December 2001 on Community Designs），共同体外观设计是一种超越国境的、统一的和排他的知识产权，在欧盟全部成员国境内都有效，分为"非注册式"外观设计（unregistered Community design）和"注册式"外观设计（registered Community design）。

非注册式外观设计和注册式外观设计都需要满足实质性条件，例如新颖性和独特性（individual character），但是两者保护的范围和期限不同。非注册式外观设计的保护期为3年，从该外观设计在欧盟境内首次为公众知悉（如出版、展览、销售等）之日起自动获得保护。非注册式共同体外观设计不需要履行任何手续，也不要求产品在欧盟境内实际销售或发行，但是权利人应保留设计原稿和创作证据，以便能够证明其对该外观设计享有的所有权。对于非注册式外观设计，权利人只有在被他人抄袭或者恶意复制时，才有权阻止他人进行商业使用。

以下将介绍注册式共同体外观设计的相关实务和流程。

1.1 注册式外观设计制度概述

外观设计在OHIM获得注册之后，在欧盟27个成员国内获得保护，并且其相应获得的效力可以在成员国境内直接执行。

1.1.1 保护期和效力

注册式外观设计的保护期是自申请日起5年，可续展4次，最长可续展至25年。

注册式外观设计的专有权包括权利人的专有使用权，以及阻止他人在欧盟境内未经许可而实施该外观设计。实施行为包括制造、销售、许诺销售、进口、出口或使用该外观设计产品，以及为上述目的而贮存外观设计产品。

1.1.2 宽限期（grace period）

一件新产品在欧盟境内商业化公开之后的 12 个月内，申请人可以将其提交注册式外观设计申请，从而将非注册式外观设计转换为注册式外观设计，该注册式外观设计不会因为在先的商业化公开而丧失其新颖性。这样，在新产品公开之后的长达 12 个月的宽限期（grace period）内，申请人可以测试市场对该外观设计产品的反应和接受程度，进而决定是否有必要花费时间和金钱来寻求进行注册式外观设计保护。

在使用宽限期制度时，申请人需要保存独立创作的相关文件和证据，以及该外观设计产品在欧盟境内的首次公开日。

1.1.3 延迟公布

申请人可要求 OHIM 从申请日（或优先权日，如果适用的话）起延迟至最长 30 个月再公布其注册式外观设计。延迟公布（deferment of publication）的请求只能在申请人向 OHIM 提交申请时提出。

如果申请人希望外观设计在递交申请之后、产品真正上市之前处于保密状态，则延迟公布是一种特别有用的工具。延迟公布制度使已递交的外观设计申请处于保密状态，一直到产品真正投放到市场为止。在延迟公布期间，潜在竞争对手无法知晓该外观设计，从而外观设计的权利人能够尽可能长时间地保持竞争优势。

1.1.4 多项外观设计申请

出于节省成本和便利管理的目的，申请人可以在一件注册式外观设计申请中提交多达 100 项的外观设计，唯一的限制条件是各项外观设计所适用的产品全部属于《国际外观设计分类表》的同一大类。在一件多项外观设计申请获得注册之后，其中的各项外观设计可以独立地放弃、转让、许可，或被宣告无效。

利用多项外观设计申请（multiple application）制度能够为申请人节省不少费用。例如，如果申请人计划注册校准器、停车计时器、压力测量仪、安全警报器、航标灯、手表带等 20 项外观设计，代理人注意到这些产品都属于国际外观设计分类表的第 10 大类，此时可提示申请人将 20 项外观设计合并在一件多项外观设计申请中递交。这样既方便程序管理，又能节省费用。包含在一件申请中的这 20 项外观设计彼此相互独立，在提出申请时可单独地请求延迟公布，在获得注册之后可单独地放弃、转让、续展、终止和行使权利。

1.1.5 官　费

递交一件注册式外观设计申请的官费是 350 欧元，包括 230 欧元的注册费和 120 欧元的公布费。在申请延迟公布时，申请人还需要额外缴纳 40 欧元。

在一件申请中含有多项外观设计的情况下，对于第 2～10 项外观设计，每项外观设计的附加注册费为 115 欧元，附加公布费为 60 欧元，附加延迟公布费为 20 欧元。从第 11 项外观设计开始，每项外观设计的附加注册费进一步减少为 50 欧元，附加公布费为 30 欧元，附加延迟公布费为 10 欧元。注册式外观设计的官费收费标准，请参见表 5-2。

表5-2 注册式外观设计的官费收费标准

（单位：欧元）

	1项外观设计	第2~10项外观设计，每项外观设计	第11~100项外观设计，每项外观设计
注册费	230	115	50
公布费	120	60	30
延迟公布费	40	20	10

1.2 注册式外观设计申请文件

1.2.1 最低受理条件

申请人在向 OHIM 递交注册式外观设计申请时，只需提交请求书、申请人身份信息、至少一幅外观设计图片或照片，即满足受理条件并可被确定申请日。费用的缴纳不是确定申请日的条件。

1.2.2 产品名称

在提交注册式外观设计申请时，申请人需要对应用或实施该外观设计的产品的名称进行说明。但是，该产品名称不影响保护范围，经注册之后的外观设计可涵盖和扩展到应用该外观设计的任何类别产品。

1.2.3 外观设计的视图

注册式外观设计申请应当包括最少1幅、最多7幅的视图。申请人自己承担义务来确保图片具有良好的质量，以清楚地显示所要保护的外观设计的细节。此外，图片应当具有单一的背景，只显示所要表达的外观设计，而不显示与外观设计无关的内容。以下通过示例来说明注册式外观设计的一些表达方式：

（1）使用点划线表示不要求保护的部分，例如在图5-8所示的"手机键盘"的外观设计视图中使用点划线来表示不要求保护的屏幕部分。或者，使用点划线来表示外观设计在某一视图中的不可见部分。

（2）使用分界线勾出外观设计要求保护的特征，如图5-9所示的支撑架加强角部。

（3）在黑白视图中使用彩色或深色加亮部分，来表示外观设计要求保护的部分。例如，在图5-10所示的"鞋（部分）"的外观设计视图中，使用深色阴影部分来表示外观设计要求保护的特征。

（4）在图片或照片中使用附加材料（例如人体）来说明外观设计及其用途和尺寸，但是要确保能够明确地判断出该附加材料不构成外观设计的一部分。例如，图5-11中出现的人脸和头部不构成头罩外观设计的一部分。

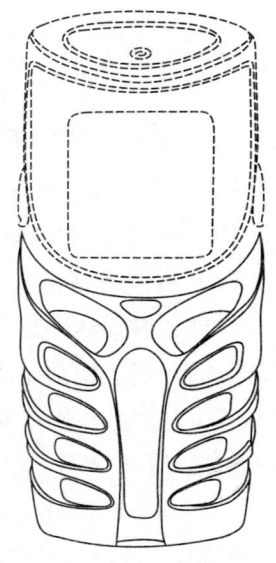

图5-8 手机键盘的外观设计

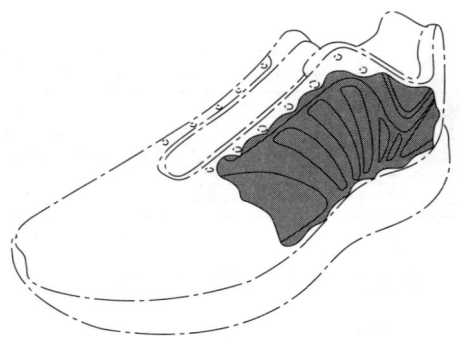

图 5-9　支撑架加强角部的外观设计　　　　图 5-10　鞋（部分）的外观设计

图 5-11　头罩的外观设计

1.3　注册式外观设计申请的审查

1.3.1　实质性缺陷审查

如果递交至 OHIM 的外观设计申请存在以下缺陷，则不予注册：

（1）客体不符合"外观设计"的定义。

根据《共同体外观设计保护条例》的规定，外观设计是指整个产品或者产品的某个部分的外观，特别是线条、轮廓、色彩、形状、质地和/或产品本身或者装饰品材料。其中，产品是指任何的工业品和手工制品，包括包装物、图形符号、印刷字体，但不包括计算机程序。

（2）违反欧盟境内的社会道德或公共政策。

例如，含有种族歧视文字、纳粹标志、淫秽内容的图片，属于不得注册的主题。另一方面，如果外观设计合乎规则地使用国家旗帜和宗教符号，则属于可注册的主题。

OHIM 在发现外观设计申请中存在违反社会道德或公共政策的缺陷之后，会发出审查意见通知书，允许申请人在 2 个月期限内撤回或修改其申请，或者提交答辩意见。

在递交多项外观设计申请的情况下，如果只有其中一部分外观设计存在实质性瑕疵，则 OHIM 只拒绝这些外观设计的注册。

1.3.2 形式缺陷审查

申请人递交至 OHIM 的外观设计申请文件中通常存在以下几种类型的形式缺陷：

（1）要求在先优先权，但是没有提交优先权文件的副本；

（2）费用未支付或者支付不足；

（3）缺少产品名称，或者产品名称与外观设计图片不一致；

（4）外观设计图片存在缺陷；

（5）非欧盟成员国的申请人没有指定代理人；

（6）一项外观设计申请中的多件外观设计产品不全部属于《国际外观设计分类表》的同一大类；

（7）没有正确选择第一语言和第二语言（第一语言应当为欧盟 22 种官方语言之一，第二语言必须不同于第一语言且为西班牙语、德语、法语、英语、意大利语之一）。

如果 OHIM 发现外观设计申请文件中存在形式缺陷，将发出补正通知书，并且给予申请人两个月的时间进行补正。一般情况下，如果申请人在规定的期限内补正克服了 OHIM 所指出的缺陷，则所有缺陷被补正完成之日将被重新确定为申请日。鉴于此，代理人应尽量确保所提交的外观设计申请不存在上述缺陷，以避免被重新确定申请日。

作为一种例外情形，如果申请人通过补正程序仅仅删除了用于表达某一外观设计的一部分视图，则该项外观设计的申请日并不会因为这一部分视图的删除而被重新确定。

2 美国外观设计申请

2.1 美国外观设计专利制度概述

类似于实用专利申请（utility patent application），美国外观设计申请被规定在《美国专利法》中，并在获得授权之后被称为外观设计专利。《美国专利法》在第 171 条规定外观设计保护的客体，在第 102 条和第 103 条规定外观设计的新颖性（novelty）和创造性（non‑obviousness，也称为"非显而易见性"），第 289 条规定侵害外观设计专利权的附加赔偿。

美国专利商标局（USPTO）作为专利行政管理机关对外观设计申请进行审查、授权、复审等。美国的各级联邦法院负责受理侵权诉讼，并且审查和决定由 USPTO 授权的外观设计专利权是否最终有效。

以下简单介绍美国外观设计专利申请的相关实务和流程。

2.1.1 实质审查制度

USPTO 对外观设计申请进行实质审查。USPTO 不仅审查外观设计申请的手续是否完备、申请文件是否符合规定，而且还对相关的在先披露文件进行检索，以确定外观设计申请是否符合实质性授权条件。

外观设计申请要获得授权，除了满足《美国专利法》第 171 条所规定的新的、独创性和装饰性（new, original and ornamental）等方面的要求之外，还需要满足《美国专利法》第 102 条关于新颖性、第 103 条关于创造性的规定。

2.1.2 授权客体

任何制造物品的新的、独创性的和装饰性的外观设计，都可以申请美国外观设计专利。外观设计体现在（或应用于）整个制造物品，或者体现在整个制造物品的一部分，或者体现在制造物品的装饰特征。因此，外观设计申请的客体可以是物品的轮廓和形状、物品的表面装饰、或物品的轮廓和表面装饰的结合。此外，部分外观设计、电子图形界面都属于美国外观设计专利申请的可授权客体。

2.1.3 单 一 性

一件美国外观设计申请应当包括、并且只能包括有一项权利要求。权利要求的标准语句是："请求保护的是如图所示和所描述的用于某产品的装饰性外观设计 [What is claimed is: the ornamental design for a (product), as shown and described]。"具有单一设计构思的多项外观设计可以合并在一件美国外观设计专利申请中。

2.1.4 官 费

一件美国外观设计的申请费是 250 美元，检索费和审查费分别是 120 美元和 160 美元。在办理授权登记手续时，申请人还需要支付 990 美元的授权登记费。个人、非营利性实体以及少于 500 人的企业，作为小实体可在办理各种手续时享受官费减半的优惠。一件美国外观设计的各项官费标准，可参见表 5-3。

表 5-3 美国外观设计申请的官费标准

（单位：美元）

	标准企业申请人	小实体申请人
申请费	250	125
检索费	120	60
审查费	160	80
授权登记费	990	495

2.2 申 请 文 件

美国外观设计申请文件包括外观设计的视图、视图说明和一项权利要求。

一件美国外观设计专利申请应当包括足够数量的视图，以便清楚和完整地显示要求保护的外观设计。视图说明包括外观设计产品的名称、表达外观设计的各个视图的名称以及视图省略的原因等内容。

美国外观设计专利申请的权利要求只能有一项，但是具有同一设计构思的多项外观设计可以合并在一件美国外观设计申请中。例如，如果4个书写笔具有图5-12所示的形状和轮廓，则这四个外观设计属于一个设计构思，可以合并在一件美国外观设计申请中提交。

根据《美国专利审查指南》（Manual of Patent Examining Procedure，MPEP）的规定，外观设计可以使用线条视图或照片来表示。但是，在实务操作当中，申请人很少使用照片来表示外观设计。如果申请人使用照片来表示请求保护的外观设计，审查员通常会要求申请人提交线条视图来替代照片，或者要求申请人提供合理且令人信服的理由来解释为什么必须使用照片来表示外观设计。在绝大多数情况下，照片仅作为非正式视

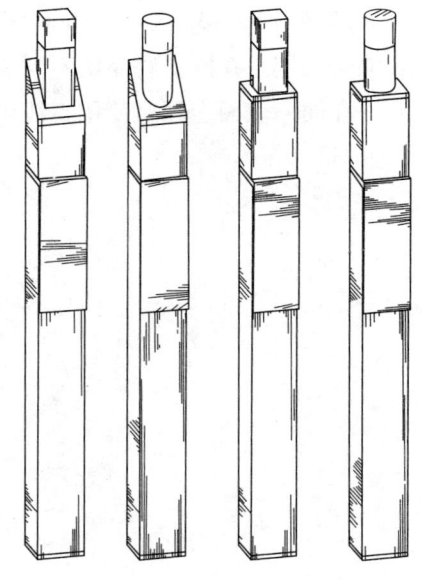

图5-12　书写笔的外观设计

图来提交，而线条视图需要随后作为正式视图进行提交。

以下将介绍在美国外观设计视图中经常使用的虚线、阴影的相关实务。

2.2.1　虚　　线

虚线主要用来表示不要求保护的外观设计特征，如图5-13所示的切纸机的中央部分。

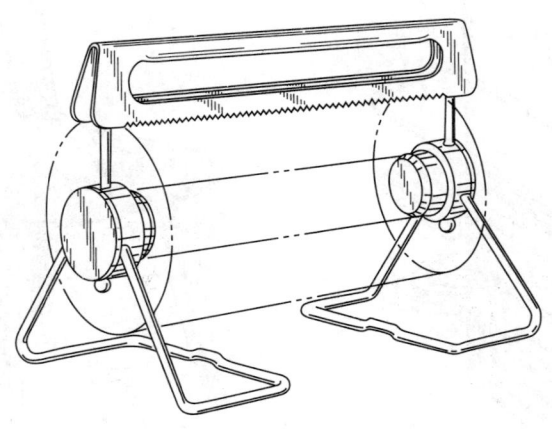

图5-13　切纸机的外观设计

2.2.2 阴　　影

阴影用于在外观设计视图中显示立体产品的表面特征和轮廓，以及不同表面的凸凹起伏、开口封闭等特征。阴影的形式包括三种：直线阴影、点状阴影、混合式阴影，分别如图 5-14、图 5-15 和图 5-16 所示。直线阴影和点状阴影可以单独使用，或者混合使用。在同一物品的不同表面上可以分别使用直线阴影以及点状阴影，但是不允许在同一表面上同时使用直线阴影和点状阴影。

图 5-14　手表的外观设计（直线型阴影）

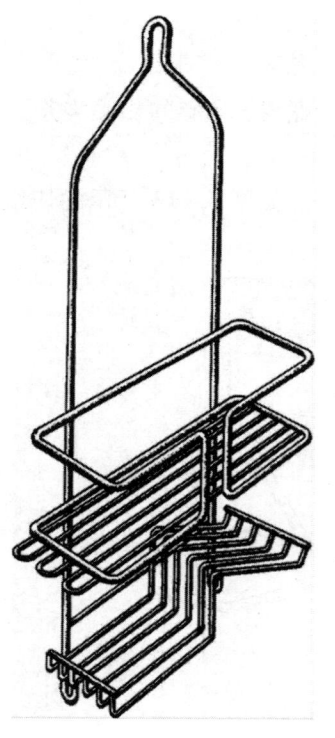 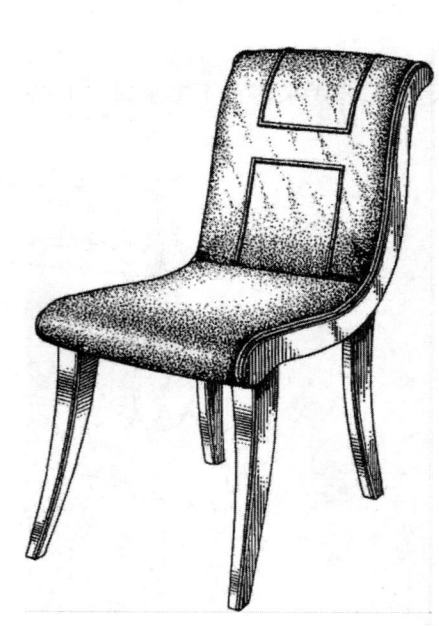

图 5-15　浴室架的外观设计（点划型阴影）　　图 5-16　椅子的外观设计（混合型阴影）

2.3 美国外观设计申请的审查

在收到申请人提交的外观设计申请文件之后，USPTO 会审查该外观设计申请案是否符合各种形式和文件方面的要求，确定一件申请中是否只包含一个权利要求，以及是否只含有属于一个设计构思的外观设计。USPTO 还会审查所提交的视图是否清楚明确地描述了该外观设计，要求保护的外观设计是否属于法定授权客体，以及是否符合装饰性要求。

此外，在外观设计申请审查的过程中，USPTO 还会对相关的在先设计进行检索，以确定该外观设计是否同时具备新颖性和创造性。

在对外观设计申请的审查程序中，审查员发出的审查意见通常涉及以下几个方面：

（1）所提交的图片或照片是否满足 USPTO 对正式视图的要求；

（2）图片或照片能否足够清楚地表达出要求保护的外观设计，以便确定其外形和轮廓；

（3）外观设计的各个视图是否彼此相对应。

USPTO 经审查后认为外观设计申请符合授权条件的，则授予外观设计专利权。美国外观设计专利的保护期是 14 年，从授权之日起算，并且在授权以后无需再缴纳年费。

如果外观设计申请被驳回，则申请人可以参照美国实用专利的后续流程采取不同的处理方式。

3 世界其他主要国家和地区的外观设计制度概述

上文分别以欧盟和美国为代表介绍了注册制和实质审查制外观设计制度的基本情况。以下将简单地介绍世界其他主要国家地区的外观设计制度基本情况，如表 5－4 所示。

表 5－4 世界其他主要国家或地区的外观设计制度概述

	国家/地区	审查制度	保护期	部分外观设计制度	合案申请	延迟公布
1	WIPO 国际局	形式审查	5 年，最长可续展至 15 年	取决于各个缔约国的法律规定	最多属于同一大类的 100 件产品的外观设计	可延迟 30 个月公布
2	英国	形式审查	5 年，最长可续展至 25 年	有	没有数量限制	可延迟 12 个月公布
3	德国	形式审查	5 年，最长可续展至 25 年	有	最多属于同一大类的 100 件产品的外观设计	可延迟 30 个月公布
4	法国	形式审查	5 年，最长可续展至 25 年	有	最多属于同一大类的 100 件产品的外观设计	可延迟 30 个月公布

续表

	国家/地区	审查制度	保护期	部分外观设计制度	合案申请	延迟公布
5	澳大利亚	形式审查，及可选的实质审查	10 年	有	属于同一大类	不可延迟公布
6	新西兰	形式审查	5 年，最长可续展至 15 年	无	同时使用或销售的成套产品的外观设计，或同一产品的变型实施例	可延迟 15 个月公布
7	日本	实质审查	20 年	有	同时使用的两项或多项指定物品的设计可以合案申请，但不能单独行使权利	可延迟 3 年公布
8	韩国	对一部分产品（如服装产品）的外观设计实行形式审查，而对其他产品外观设计自动实行实质审查	15	有	属于同一大类且实行形式审查的最多 20 个产品的外观设计，可以进行合案申请	可延迟 3 年公布
9	新加坡	形式审查	5 年，最长可续展至 25 年	—	同一类别或同一套件的多件物品的多项外观设计	无
10	中国香港	形式审查	5 年，最长可续展至 25 年	有	同一类别或同一套件的多件物品的多项外观设计	无
11	中国台湾	实质审查	12 年	有	属于同一类别的以成组方式出售或使用的两项或多项物品的设计可以合案申请但不能单独行使权利	无
12	中国澳门	实质审查	5 年，到期后每年均需进行缴费续展，最长可续展至 25 年	有	具有"相同的主要识别特征"且"构成一系列在目的或应用上相互关联"的最多 10 个物品的外观设计	申请日起满 12 个月公布，可申请延迟公布
13	俄罗斯	实质审查	15 年，可续展一次，最长续展至 25 年	有，可使用虚线表示不重要或不要求保护的特征	—	无
14	巴西	形式审查	10 年，可续展 3 次，每次续展 5 年，最长续展至 25 年	无	同一产品的最多 20 个外列设计	可延迟自申请日起 180 日再公开

— 144 —

第 6 章　专利行政复议和专利行政处理

第 1 节　专利行政复议代理实务

专利行政复议是指公民、法人和其他组织认为国家知识产权局作出的除驳回决定、复审决定以及无效请求审查决定以外的具体行政行为侵犯其合法权益，作为行政相对人或者利害关系人依法提出复议申请，国家知识产权局依法受理、审理并作出决定的活动。

本节重点介绍专利代理机构以及专利代理人在委托人表示有行政复议委托意向之后如何进行专利行政复议代理的相关实务工作。另外，虽然集成电路布图设计不属于专利，但是由于其行政复议实务与专利行政复议相似，因此本节将一并介绍。

1　接受委托

1.1　前期咨询和核查

在接受委托人的新委托前，专利代理机构应当与委托人进行沟通，做好前期咨询工作和报价工作。如果无法确定是通过行政复议还是行政诉讼来主张权利的，可以建议委托人先启动行政复议程序，因为复议程序相对于诉讼程序而言较为简捷。

对于委托人有意向委托办理行政复议的，应进一步做好立案前核查工作。具体核查工作包括：利益冲突核查、专利行政复议范围核查、委托人主体资格核查、复议期限核查、关联案情核查。

如果委托人不服的具体行政行为是由该专利代理机构为委托人进行相关专利申请的代理工作过程中由国家知识产权局作出的，则无需进行前期咨询与核查。

1.1.1　利益冲突核查

专利代理机构应当首先进行利益冲突的核查。

如果该委托人属于本专利代理机构已应允现有委托人明确要求不得提供各类代理服务的竞争对手，则应当及时告知委托人存在利益冲突，并建议委托人另行委托其他代理机构。

如果该具体行政行为属于专利管理方面的具体行政行为，例如给予实施强制许可的决定、终止实施强制许可的决定、布图设计非自愿许可决定、侵犯布图设计专有权所作行政处罚决定，还应核查该具体行政行为中的相对第三人信息。如果该相对第三人是本代理机构现有委托人，通常情况下也应拒绝委托人该委托，并建议委托人另行委托其他代理机构。

1.1.2 专利行政复议范围核查

在核实确认不存在利益冲突后，专利代理机构应当对委托人委托的事务是否属于专利行政复议范围进行核查。

首先，根据《国家知识产权局行政复议规程2012》第4条和第5条的具体规定，判断该行政行为是否属于或不属于专利行政复议受案范围。

其次，对于《国家知识产权局行政复议规程2012》第4条和第5条未明确提及的行政行为，根据以下几个方面的原则作进一步判断：

（1）该行政行为应当是具体行政行为，即，该行政行为是针对特定相对人作出的一次性有效的行政行为；

（2）该具体行政行为侵犯了特定相对人的合法权益，或对特定相对人的权利进行处分；

（3）该具体行政行为不属于行政机关居间裁决民事纠纷的行为；

（4）该具体行政行为是以国家知识产权局的名义作出的。例如，在PCT国际申请的国际阶段，国家知识产权局作为受理局、国际检索单位和初审单位作出决定，由于该具体行政行为并非以国家知识产权局名义作出，因此不属于专利行政复议受案范围。

对于不属于专利行政复议受案范围的，专利代理机构应当建议委托人通过其他方式主张权利。

1.1.3 委托人主体资格核查

在核实委托人委托的事务属于专利行政复议受案范围后，专利代理机构应当核查委托人是否能够作为提出专利行政复议的申请人，或是作为专利行政复议的第三人。

首先，其合法权益受到国家知识产权局具体行政行为直接侵害的任何公民、法人和其他组织均能够成为专利行政复议的主体，例如专利申请人、专利权人、国际申请的申请人、布图设计登记申请人、布图设计权利人、强制许可请求人。有权申请专利行政复议的公民死亡的，其近亲属可以申请专利行政复议。有权申请专利行政复议的法人或者其他组织终止的，承受其权利的法人或者其他组织可以申请专利行政复议。

其次，其权利或者利益受到国家知识产权局的具体行政行为侵犯的其他利害关系人也能够成为专利行政复议的主体，例如，被控侵权人、专利权受让人、专利权被许可人等。对于该利害关系人，应当进一步核实其合法权益在该具体行政行为作出时受到侵犯。

最后，如果具体行政行为所侵犯的权益为共有权益，则任何权益共有人均能够成为专利行政复议的主体。

如果委托人资格不符合上述资格条件，则专利代理机构应当告知委托人，建议其通过其他方式主张权利。

另外，除了当专利代理机构或专利代理人自身合法权益受国家知识产权局具体行政行为侵犯（例如，专利代理机构受到撤销代理机构的处罚或专利代理人受到吊销其《专利代理人资格证书》的处罚）的情形外，专利代理机构不得成为专利行政复议的主体。对于因专利代理机构原因导致在各类专利代理过程中受到国家知识产权局作出的不利于当事人的行政处分或决定的，专利代理机构应当如实告知当事人，并以当事人名义进行专利行政复议。

1.1.4 专利行政复议期限核查

专利代理机构应当核查针对该具体行政行为提出专利行政复议申请的期限是否符合《国家知识产权局行政复议规程2012》第8条的规定，即，是否仍在自知道该具体行政行为之日起60日内。如果超出上述60日期限的，则需要进一步与委托人沟通，了解是否存在因不可抗力或者其他正当理由而耽误上述期限的情形。

对于耽误法定期限后申请专利行政复议的，由国家知识产权局专利局审查业务管理部法律事务处（以下简称"法律事务处"）决定是否受理。在实践中，由于法律事务处对于该期限的掌握并非绝对刚性，因此对于已经超出法定复议期限的情况，专利代理机构应当根据具体案情作进一步分析。如果能够确认国家知识产权局具体行政行为确有错误，且委托人也始终没有放弃自己的权利（例如委托人之前通过其他各种途径与国家知识产权局有关部门交涉）或更正该具体行政行为不会损害公众利益的，则专利代理机构仍然应当建议委托人尝试提交专利行政复议请求，并应尽量为委托人努力，积极与法律事务处沟通，争取使其请求得到受理。

1.1.5 关联案情核查

在接受委托人委托之前，专利代理机构还应当对该行政复议事务的关联案件情况进行了解。根据《国家知识产权局行政复议规程2012》第9条的规定，"有权申请行政复议的公民、法人或者其他组织向人民法院提起行政诉讼，人民法院已经依法受理的，不得向国家知识产权局申请行政复议。"因此，专利代理机构应当请委托人确认该事项。如果委托人已经向人民法院提起行政诉讼且人民法院已经依法受理的，则专利代理机构应当告知委托人相应法律后果，并建议委托人通过行政诉讼主张权利。

此外，为便于后续工作开展，专利代理机构可同时向委托人了解其他相关案件信息，例如相关专利申请的审查历史和状态、专利缴费情况、是否存在侵权诉讼等。

1.2 办理委托手续

在完成核查工作后，专利代理机构将经委托人确认的核查信息汇总制作核查信息表，并启动委托手续。

（1）与委托人签订代理委托合同。代理委托合同中应当至少包括委托人和被委托人信息、代理内容和权限、代理费用、支付方式等内容。代理委托合同应当有委托双方签字或签章及签订日期。委托人签章可以后补，但应在提交行政复议请求之前完成。代理委托合同一式两份，一份返还委托人，一份存档。

（2）委托合同可附委托明细表，具体信息包括委托人信息（姓名/名称、国籍、地址、邮编）、委托人联系方式（电话、传真、电子邮件）、委托事项、特殊要求、收费情况等。委托明细表应当有委托人、专利代理机构接待人的签章确认。

（3）专利代理机构可根据委托人的具体信用情况与委托人确定付费方式。收取预付款（包括现金和支票）的，应当向委托人开具收据，并在委托明细表中注明收费信息。

（4）准备复议申请人委托代理人代理专利行政复议事宜的授权委托书。由于行政复议程序是相对独立的一个程序，所以，原申请专利时的授权委托书在行政复议程序中没有效力。行政复议程序中的授权委托书，应当注明作为行政复议程序中的代理人、代理内容和权限、委托日期，并由委托人签字或签章。当复议申请人为外国自然人或法人，且行政复议程序中的代理人与原申请专利程序中委托的专利代理人不同时，还需按民事诉讼法的规定提交经所在国公证并经过我国使领馆认证的授权委托书。当复议申请人有多个共同复议申请人时，应分别提供各复议申请人的授权委托书。

1.3 立 案

在委托人完成各项委托手续后，专利代理机构应进行立案建档工作。立案建档工作包括：

（1）对案件进行编号。

（2）录入委托人信息（姓名/名称、国籍、地址、邮编）、委托人联系方式（电话、传真、电子邮件）、案件类型、委托人案件编号、第三人案件编号、委托人相关要求等信息。如果委托人为公司已有委托人，则应核对委托人信息是否变化。如有变化，应当与委托人进一步联系确认并作相应变更。

（3）设定提交专利行政复议请求的时限。该时限设定应当合理，符合《国家知识产权局行政复议规程2012》第 8 条的规定，同时满足委托人的要求。对于委托人委托日期已经超出行政复议请求的法定时限的，该时限设定应尽可能短。

（4）建立纸件或电子卷宗，卷宗内可包括代理委托合同、核查信息表、委托明细表、关联案件卷宗、委托人指令等。卷宗可按照与委托人往来信息、与国家知识产权局往来信息、内部管理信息分类按时间顺序装订。如果委托人不服的具体行政行为是由该专利代理机构为委托人进行相关专利申请的代理工作过程中由国家知识产权局作出的，则出于历史信息完整、便于查阅的目的，也可不另外建档，而是将专利行政复议卷宗与原专利申请卷宗合并装订。

（5）专利代理机构根据实际案件情况指派有经验的人员（以下简称"代理人"）承办。由于专利行政复议是相对独立的程序，因此并不需要代理人与申请专利时的代理人为同一人。根据《民事诉讼法》的规定，对于该代理人的资格要求并无限制，其既可以是专利代理人，可以是律师，也可以是专利代理机构内部流程管理人员，只要其是具有行为能力的自然人即可。由于在实际工作中对于外国人委托案件的授权委托书的形式要求存在差异，以专利申请时的代理人作为代理人可以避免公证认证的手续。因此，如果委托人不服的具体行政行为是由该专利代理机构为委托人进行相关专利申请的代理工作过程中由国家知识产权局作出的，则该代理人宜为办理专利申请时的代理人。

2 提出行政复议请求

代理人在收到卷宗后，应在仔细分析案情的基础上与委托人进一步沟通以下事项：

（1）向委托人解释专利行政复议和行政赔偿的相关法律知识，使其了解专利行政复议可能产生的结果；

（2）对于委托人提供信息或关联案情不全的，要求委托人补充提供该相关信息；

（3）与委托人商定专利行政复议的整体策略，确定提交的证据和理由，确定是否要求行政赔偿、口头听证或对国家知识产权局所依据的部门规章以下的规定进行审查；

（4）如果经与委托人协商确定通过行政诉讼方式主张权利的，应转为行政诉讼立案流程；

（5）与委托人沟通确定关联案件的处理等事宜，例如在专利行政复议期间对已经执行的原具体行政行为的应对。

2.1 准备证据

在提交行政复议请求之前，代理人应完成各类证据的收集和整理工作。证据可以包括：

（1）关于国家知识产权局作出的具体行政行为的证据。该证据可使用文书原件或复印件。此类证据属于必要证据，应当在提交行政复议请求的同时提交。

（2）证明复议申请人已经履行相关法律义务的证据。

（3）证明复议申请人因不可抗力或者其他正当理由耽误法定申请复议期限的相关证据。

（4）证明复议申请人已经通过其他各种途径与国家知识产权局有关部门交涉的证据。

(5) 证明利害关系人的合法利益受侵犯与国家知识产权局具体行政行为之间必然关系的证据。

(6) 在请求行政赔偿的情况下，证明复议申请人的合法物质利益损失的事实及其数额的证据。

在完成证据的收集工作后，代理人应编制证据清单，注明证据的编号、名称、份数、页数、原件或复印件类型、来源和需要证明的事实。

2.2 确定行政复议要求和理由

代理人应当结合现有证据，与委托人沟通商定行政复议要求和理由。行政复议理由通常可包含四个部分：著录项目部分、事实部分、理由部分和结论部分。

在著录项目部分中，代理人应当准确记载具体行政行为所针对的专利/专利申请的专利号/专利申请号、申请日、申请人和发明创造名称等信息；国际申请的国际申请号、申请人、申请日、发明创造名称、国际公开号、国际公开日等信息；集成电路布图设计的申请号、申请人、申请日、设计名称等信息。该部分内容也可与事实部分结合起来表述。

在事实部分中，代理人应当重点说明国家知识产权局作出具体行政行为的起因、经过和造成的后果，可以按照时间顺序进行描述。

理由部分是复议申请人应当重点准备的部分。代理人可以根据《国家知识产权局行政复议规程2012》第23条所列的情形，结合证据，具体说明该具体行政行为违法或应撤销、变更的理由。另外，如果该行政复议请求超出法定申请复议期限的，则还应当对不可抗力或正当理由予以说明，或者就复议申请人之前所作的努力（例如通过其他各种途径与国家知识产权局有关部门交涉）予以说明。

在结论部分中，代理人应当清楚表明复议申请人的观点，请求国家知识产权局撤销、变更具体行政行为、确认该具体行政行为违法，或请求有关部门履行法律、法规、规章规定的职责。

此外，如果代理人认为确有必要请求国家知识产权局停止执行该具体行政行为的，可以说明理由，并请求法律事务处停止执行。对于案情复杂、或对复议申请人有重大利益影响、或需要当面陈述有关意见的，代理人可说明理由，并要求口头听证。

如果复议申请人认为国家知识产权局作出的具体行政行为所依据的规定（例如国家知识产权局制定的内部操作规程、部门标准、以文件通知形式发布的规定等）不合法，还可请求对规章以下的抽象行政行为进行审查，要求确认其是否正确，或要求撤销该抽象行政行为。

2.3 确定行政赔偿

代理人应当与委托人沟通商定是否请求行政赔偿，以及提出行政赔偿请求的数额和时机。

（1）代理人应当判断该具体行政行为属于违法行为，还是属于虽不合理但不违法的情形。对于前者给委托人造成的直接的物质利益损失，可以建议委托人请求行政赔偿。

（2）代理人应当根据《国家赔偿法》的规定协助委托人确定行政赔偿的数额。

（3）在有行政赔偿的情况下，代理人通常可建议委托人在提出行政复议请求时一并向国家知识产权局提出行政赔偿请求。如果委托人确定在行政复议程序中不提出行政赔偿请求的，代理人应当告知复议申请人以下事项：如对行政复议决定不服，在向法院提起行政诉讼的时候仍然可提出行政赔偿请求；提起行政诉讼后至法院一审庭审结束前仍然可提出行政赔偿请求；如果行政复议决定确认具体行政行为违法后，则可在 2 年内向国家知识产权局提出行政赔偿请求。

2.4 填写行政复议请求书

代理人可使用国家知识产权局制作的标准复议申请表格，该表格可从国家知识产权局网站（www.sipo.gov.cn）下载获得。

代理人应当将以下信息准确填入标准复议申请表格：

（1）复议申请人的姓名/名称、通信地址；
（2）专利代理机构和代理人；
（3）请求行政复议的具体行政行为的内容和日期；
（4）行政复议请求所针对的专利申请、专利、国际申请和布图设计的相关著录项目；
（5）具体的复议请求和理由（可附页）；提交的行政复议要求和理由应当经过委托人事前确认；
（6）请求日期；
（7）证据附件清单。

复议申请表格可以手写或者打印，一式两份，并加盖专利代理机构印章。

2.5 提交行政复议请求

专利代理机构对代理人准备完毕的行政复议请求书、证据以及其他附件进行核对。核对内容可包括：①行政复议请求书的各项信息是否完整准确；②提交的各类附件与行政复议请求书是否相符；③是否提交了代理委托书。完成核对后，将行政复议请求书提交给法律事务处。

提交的方式通常为面交或邮寄。时间紧迫的，也可以传真方式提交，但是之后应当补交经过签章的书面原件。虽然国家知识产权局专利局受理处也能转交行政复议请求书，但是由于国家知识产权局内部流程周转较慢，因此不建议通过受理处提交行政复议请求书。

完成提交手续后，专利代理机构应当将提交日期录入信息管理系统，进行相应的时限控制操作，并向委托人报告，将提交的行政复议请求书文件报告给委托人，同时附具业务账单。对于未尽事宜如需要补交委托书或其他证据的，也应在报告信中一并说明。

最后，对卷宗进行纸件或电子装订和归档管理。

3 行政复议程序中的代理

3.1 各类形式审查通知书的处理

在行政复议程序中，通常会收到的形式审查通知书包括：复议案件受理通知书、复议案件不予受理通知书、复议案件补正通知书、视为未提出通知书、延期通知书、复议案件终止通知书、第三人参加复议案件通知书等。

在收到上述通知书后，专利代理机构应当首先核对通知书内容，以确保各著录项目信息（例如复议申请人、复议日期、复议请求所针对的专利申请、专利、国际申请和布图设计的相关著录项目）正确。随后，应将该通知书信息（包括通知书名称、日期、行政复议案件编号）录入信息管理系统；对于有后续答复工作的，启动相应的时限管理，并在适当时间内将通知书转寄给委托人。

对复议申请人不利的通知书，例如复议案件不予受理通知书、视为未提出通知书等，代理人应当分析不被受理或被视为未提出的原因，并与委托人沟通确定其他救济途径。

对于复议案件补正通知书，代理人应核查是否有需要委托人协助的事项，例如补交委托书；如有，需要将该通知书转寄给委托人，告知其答复期限。后补委托书时，委托日期应当在提交行政复议请求之前。待答复补正的事项或文件齐备后，代理人应当在复议案件补正通知书中规定的时限内向法律事务处提交答复。

另外，专利代理机构应当对国家知识产权局是否在合适时间内作出受理或不予受理的通知予以跟踪。对于长时间内未收到国家知识产权局反馈的，应当及时主动与法律事务处联系。

3.2 补充意见

在提交行政复议请求之后，如果复议申请人有新的证据或理由，原则上仍然可以进行补充。补充意见应当写明行政复议的各著录项目信息，以及补充的请求、理由和相关证据。

由于行政复议程序的审理期限往往较短，所以，代理人需要灵活掌握补充意见的时间，必要时可与法律事务处沟通。

3.3 口头听证

复议审查的方式主要为书面形式，必要时国家知识产权局可以应当事人请求或根据需要进行口头听证。通常情况下，法律事务处会先与代理人通过电话或书面沟通。代理人在收到法律事务处书面或电话通知后，应当与复议申请人沟通，最终就口头听证的时间、地点与法律事务处达成一致。

代理人单独参加口头听证的，应当将口头听证的内容报告复议申请人。

3.4 行政复议申请的撤回

在行政复议决定作出之前，委托人希望主动撤回行政复议的，代理人应当告知委托人撤回行政复议的后果，并根据具体情况提供建议。如果委托人确需主动撤回行政复议的，应尽快向法律事务处提出撤回行政复议的请求。

撤回请求中应当写明行政复议的各著录项目信息（例如行政复议案件编号、复议申请人信息、提出行政复议请求的时间和内容等），并清楚表达复议申请人撤回行政复议请求的意愿。

提交撤回请求后，专利代理机构应向复议申请文报告，将案件转入结案关档程序。

4 对行政复议决定的处理

4.1 转达行政复议决定

专利代理机构在收到行政复议决定后，应当首先核对行政复议决定以确保著录项目信息（例如复议申请人、复议日期，以及复议请求所针对的专利申请、专利、国际申请和布图设计的相关著录项目）正确，并将该通知书信息（包括通知书名称、国家知识产权局发文日、代理机构收文日、挂号码/发文序号/复议决定书编号）录入信息管理系统，对后续程序的时限进行控制。

代理人应当仔细阅读行政复议决定，向委托人报告，并针对不同情况给出建议：

（1）如果行政复议决定未支持或未全部支持复议申请人的主张的，代理人应当仔细研究国家知识产权局引用法律、法规和规章是否合适，理由是否充分，是否还有其他证据未被考虑；研究并告知委托人后续申诉的成功可能性；与委托人进一步沟通以确定后续策略，例如是否继续主张权利，是通过行政诉讼、向国务院申请裁决还是通过其他途径主张权利，并告知委托人采取各种途径的利弊、时间、程序和注意事项。

（2）如果行政复议决定支持复议申请人的主张的，例如撤销、变更具体行政行为，确认具体行政行为违法，或要求有关部门履行法律、法规、规章规定的职责，代理人应结合关联案件的案情建议委托人作出相应处理。

（3）如果复议申请人在专利行政复议时未向国家知识产权局提出行政赔偿请求，可告知委托人可在自收到确认具体行政行为违法的行政复议决定之日起2年内，向国家知识产权局另行提出行政赔偿请求。

（4）如果原专利申请、专利、国际申请、布图设计由其他代理机构代理，则应在报告信中建议委托人将行政复议决定转告该代理机构或根据委托人要求直接告知该代理机构。

4.2 关联案件的代理工作

如果该专利代理机构同时负责原专利申请、专利、国际申请、布图设计的代理，可开展以下工作：

（1）行政复议决定要求有关部门履行法律、法规、规章规定的职责的，与有关部门联系，监控其履行情况，并将其履行结果向委托人报告。

（2）行政复议决定确认原具体行政行为违法的，对于该具体行政行为执行期间发生的行为或官费，可要求有关部门予以更正并退还相应官费。

4.3 结案关档

对于符合以下情形的，专利代理机构可启动结案关档程序：

（1）根据委托人要求已经提交撤回行政复议请求的；

（2）委托人指令关闭档案的；

（3）超过行政诉讼时限且委托人无指令的。

对于结案关档的，代理人应当停止工作，避免任何其他费用的进一步产生，书面告知委托人关档事宜，并与委托人进行费用的最终结算。

第2节 专利行政处理代理实务

1 专利行政处理程序实务简介

广义上讲，专利行政实务不仅包括管理专利工作的部门处理专利侵权纠纷、调解专利纠纷、查处假冒专利行为，还包括海关进行的海关知识产权保护等。

管理专利工作的部门处理专利侵权纠纷、调解专利纠纷是应权利人或请求人的请求而启动的程序。而在代理人实际业务中，请求管理专利工作的部门处理专利侵权纠纷的案件较多，而且这类案件涉及请求人和被请求人双方的代理和对抗，程序上的要求较高，因此需要重点介绍。

请求管理专利工作的部门调解专利纠纷可以单独提出，也可在处理专利侵权纠纷的程序中一并提出。但如果被请求人不愿意进行调解，管理专利工作的部门就不予立案；如果被请求人愿意进行调解，也只有在双方达成一致后，管理专利工作的部门才会制作调解协议书，所以该程序中代理人所处理的程序和实体内容都较少。

查处假冒专利行为是管理专利工作的部门可以主动进行的行政程序，管理专利工作的部门可以接受举报进行调查、处理，但是举报人本身并不参加该行政程序。

海关知识产权保护可以划分为"依申请保护"和"依职权保护"两种情况。依申请保护，是指专利权人发现侵权嫌疑货物即将进出口时，根据《知识产权海关保护条例》的规定向海关提出采取保护措施的申请，由海关对侵权嫌疑货物实施扣留的措施。由于海关对依申请扣留的侵权嫌疑货物不进行调查，专利权人需要就有关侵权纠纷向人民法院起诉。依职权保护，是指海关在监管过程中发现进出口货物有侵犯在海关总署备案的知识产权的嫌疑时，根据《知识产权海关保护条例》的规定，主动中止货物的放行并通知专利权人，并根据知专利权人的申请对侵权嫌疑货物实施扣留的措施。海关依职权扣留侵权嫌疑货物属于主动采取措施制止侵权货物进出口，而且海关还有权对货物的侵权状况进行调查和对有关当事人进行处罚。但是，在海关不能认定货物是否侵犯有关专利权时，专利权人仍然可以通过向人民法院提起专利侵权诉讼处理与扣留侵权嫌疑货物有关的侵权纠纷。因此，海关知识产权保护的程序内容比较复杂，还涉及可能进行专利侵权诉讼，所以也需要予以介绍。

本节主要介绍管理专利工作的部门处理专利侵权纠纷的实务程序和海关知识产权保护中涉及专利的处理实务。

2 专利侵权纠纷行政处理实务

2.1 管理部门和处理依据

根据《专利法》第60条、第64条规定，管理专利工作的部门可以处理处理专利侵权纠纷、调解专利纠纷、查处假冒专利行为。

《专利法实施细则》第79条规定："管理专利工作的部门，是指由省、自治区、直辖市人民政府以及专利管理工作量大又有实际处理能力的设区的市人民政府设立的管理专利工作的部门。"在第81条中规定："请求处理专利侵权纠纷或者调解专利纠纷的，由被请求人所在地或者侵权行为地的管理专利工作的部门管辖。"第82条中规定："在处理专利侵权纠纷过程中，被请求人提出无效宣告请求并被专利复审委员会受理的，可以请求管理专利工作的部门中止处理。"

《专利行政执法办法》（2011年2月1日生效）对于管理专利工作的部门在处理专利侵权纠纷的规范作出了具体规定。

2.2 请求人方代理

2.2.1 前期准备

在接受委托人委托之前，需要委托人介绍对方/涉嫌侵权方的基本背景情况。代理人必须核查本人、本代理机构的现有委托人情况，避免产生利益冲突。

在确认没有利益冲突后，可以与委托人签订委托合同，并请委托人出具委托书，在委托书上签字或盖公章，委托书上应写明代理人的委托权限和委托时间。应注意委托书上的签字或公章应该与专利权人的姓名/名称一致。

如果是国外委托人，经签字或签章的委托书原件、个人身份证明复印件、公司登记文件复印件应当在国外办理公证认证手续。

在获得委托人详细介绍有关案件背景情况，并办理委托手续后，应当立即着手进行案件分析。

（1）专利稳定性分析。

对涉案专利的基本情况进行了解，包括专利权人的变化、年费的缴纳、专利实施许可中被许可人的情况、答复审查通知书的内容、是否曾被他人请求进行专利无效宣告程序及其结果，甚至专利权人在审查、无效过程中对权利要求的放弃或限定。

如果是实用新型专利和外观设计专利，建议委托人考虑事先向国家知识产权局申请专利权评价报告。

对于发明专利，由于经过实质审查，其稳定性相对较高，但是如果考虑到对方有提出专利无效宣告请求的可能，也可以考虑进行文献检索，进行必要的分析。当然，这需要事先征得委托人的同意。

（2）专利侵权分析。

对委托人提供的涉嫌侵权产品和线索进行了解，根据委托人提供的信息和所能够掌握的线索，争取获得涉嫌侵权产品实物，就其技术特征与专利权利要求书中的技术特征或外观设计图片中产品外观进行初步比对，寻找相同点和不同点，分析其落入专利保护范围的可能性。

在与发明专利和实用新型专利进行比对时，可以考虑是否存在字面侵权或等同侵权的可能性。在侵权分析时，不仅需要考虑与独立权利要求的比对，还需要考虑与从属权利要求的比对。如果从属权利要求的技术特征与涉嫌侵权产品更具有一一对应关系，可以建议委托人考虑直接主张从属权利要求的保护范围，增加对方提出专利无效宣告请求的难度，减少对方以专利无效宣告请求为由提出中止处理的机会。

（3）准备侵权证据，请求调查取证。

委托人可能会直接提供涉嫌侵权产品的样品用于侵权分析。但是，这种样品可能在取证过程、手段、程序上会存在各种瑕疵，不符合行政诉讼对证据的要求，或者其形式上的缺陷会直接影响证据的真实性、合法性和关联性。

代理人应当对证据进行全面的审查，仔细检查证据本身和取证程序中可能存在的各种问题，在发现问题后与委托人协商后寻找解决方案。如果委托人提供样品中存在较多的影响证据真实性、合法性和关联性的问题，应当建议委托人考虑重新安排取证程序，包括对购买的全过程进行公证保全，确保证据的真实性、合法性。

有时委托人只能提供侵权的初步证据，但是由于客观条件限制，无法获得实际的侵权产品样品等实物证据。这时候代理人需要考虑是否需要请求管理专利工作的部门进行调查取证。在请求管理专利工作的部门进行调查取证时，需要提出书面请求，在书面请求中向管理专利工作的部门提供被请求方的主体情况、实际住所地的信息以及请求管理专利工作的部门进行调查取证的具体要求，例如请求取得某型号的产品实物或者有关产品的生产步骤内容等，或者请求采用拍照、摄像等方式进行现场勘验，复制有关涉嫌侵权产品的账册、合同等文件。

（4）策略制订。

委托人请求专利行政处理的目的基本上都包括要求被请求方停止侵权行为，但委托人的其他具体想法可能各有不同。在与委托人讨论具体的策略时，应当向委托人明确需要请求停止被请求方的何种侵权行为，以便在请求书或在口头审理时向管理专利工作的部门进行主张。

同时，对于委托人可能考虑的损害赔偿内容，需要向委托人介绍专利侵权纠纷行政处理的范围和特点，特别是管理专利工作的部门只能对侵犯专利权的损害赔偿数额进行调解的特点。

在与委托人充分沟通并对有关请求事项获得委托人的确认后，代理人应当按照当地管理专利工作的部门接受的格式准备专利侵权纠纷处理请求书。请求书的内容包括专利号、专利名称、专利权人、请求人名称/姓名、地址、联系方式，代理人的名称、地址、联系方式，被请求人的名称或姓名、地址、联系方式，请求的事项、事实和理由、相关证据清单，请求书需要委托人盖章或签字；如果是国外委托人，在委托书中明确授权代理人代表请求人在请求书上盖章，则可以由代理机构在请求书上盖章。

在事实和理由部分，应当具体描述被请求方的具体侵权行为，结合证据内容对涉嫌侵权产品或方法与涉案专利进行比对，阐明涉嫌侵权产品落入专利保护范围。在阐述涉嫌产品侵犯专利权时应明确涉嫌产品的技术特征与专利权利要求的技术特征是构成相同侵权还是等同侵权。

2.2.2 提交文件，请求立案

（1）主体资格、专利权属证明文件。

请求人为法人的，应当提交法人资格证明，如营业执照复印件、组织机构代码复印件；另外需提交法定代表人身份证明，表明法定代表人的姓名，该证明需盖法人公章。

请求人为专利实施许可合同的独占实施许可被许可人的，除提交法人资格证明外，还应当提交经国家知识产权局或者其授权的地方代办处备案的专利实施许可合同副本以及备案证明文件的复印件；如果是排他实施许可被许可人或普通实施许可被许可人，还应当出具由专利权人授权其处理专利侵权纠纷的委托文件原件。

请求人为个人的，应当提交本人身份证件复印件，请求人为专利权继承人的，除提交本人身份证件复印件以外，还应当提交证明其合法继承专利权的公证文件复印件。

请求人是在中华人民共和国领域内没有住所或者营业所的外国人、外国企业，且其提交的法人资格证明、授权委托代理书等材料系在中华人民共和国领域外形成的，该材料应当经所在国公证机关予以公证、并经中华人民共和国驻该国使领馆予以认证；该材料原件及中文翻译件应当提交管理专利工作的部门。

专利权有效的证明，即专利登记簿副本，或者专利证书和当年缴纳专利年费的收据也应提交。原件可在口头审理时携带，以便质证。

（2）其他提交文件。

专利侵权纠纷处理请求书一般应提交原件，请求人应当按照被请求人的数量提供请求书副本，还应提供由国家知识产权局公告的涉案专利权的专利说明书和最近一次缴纳年费的收据复印件。

（3）侵权证据。

侵权证据是证明对方涉嫌侵权的书面证据。请求人应当按照被请求人的数量提供相应副本。

如果有实物证据，最好是公证保全的证据，注意封条的完整无损，应当一并提交管理专利工作的部门。

（4）受理后程序。

管理专利工作的部门收到请求书等材料后，经审查认为符合受理条件的，应在5日内立案受理；认为不符合受理条件的，应在5日内书面通知请求人不予受理，并说明理由。

立案受理专利纠纷处理请求后，管理专利工作的部门应在5日内将请求书副本及其附件通过邮寄、直接送交或其他方式送交被请求人，要求其在收到之日起15日内提交答辩书并按照请求人的数量提供答辩书副本。被请求人逾期不提交答辩书的，不影响管理专利工作的部门进行处理。

被请求人提交答辩书的，管理专利工作的部门应当在收到之日起5个工作日内将答辩书副本送达请求人。

2.2.3 口头审理

（1）准备。

管理专利工作的部门决定进行口头审理的，应当至少在口头审理3个工作日前将口头审理的时间、地点通知双方当事人。请求人无正当理由拒不参加的，或者未经允许中途退出的，管理专利工作的部门会按撤回请求处理，代理人应当及时与请求人沟通，确定口头审理的时间、地点和参加口头审理的人员，需要携带的文件原件、证据原件以及相应的技术比对分析所需的物品、工具等。

（2）申请回避。

管理专利工作的部门应指派3名或者3名以上单数人员参加口头审理，请求人方与被请求人方均可以对上述承办人员提出回避申请，但需要具体说明提出回避的理由。

（3）质证。

在管理专利工作的部门指派承办工作人员的主持下，双方进行质证。请求人应当

第6章 专利行政复议和专利行政处理

在口头审理时提交专利权利证据、专利侵权证据的原件，被请求人可以对上述证据的真实性、合法性、关联性发表质证意见。对于被请求人提供的抗辩证据，请求人可以对该证据的真实性、合法性、关联性发表质证意见。对于被请求人在口头审理时当场提交的证据，请求人可以要求管理专利工作的部门另外给予发表质证意见的时间。

（4）调查。

在管理专利工作的部门指派工作人员的主持下，对侵权证据进行实物比对，双方发表意见。代理人应当就涉嫌侵权产品与涉案专利的权利要求中技术特征或外观设计图片中产品外观进行逐一比对、分析，在明确请求保护的权利要求范围的前提下，说明被请求人的涉嫌侵权产品是否落入专利保护范围。

（5）证人证言。

如果需要有证人在口头审理出面作证，需要事先书面告知管理专利工作的部门的承办人员。证人需要携带身份证或其他身份证明文件。在作证之前，证人不应旁听口头审理的内容。在管理专利工作的部门的承办人员要求证人作证时，证人再出面进行作证。

（6）辩论。

在口头审理的过程中，一般先由请求人明确请求事项、事实和理由，被请求人对于请求人的请求事项、事实和理由提出意见陈述。管理专利工作的部门指派承办工作人员主持下进行双方质证，在质证后，一般会进行双方辩论。

在辩论开始前，管理专利工作的部门指派承办人员一般会归纳本次辩论的焦点问题，在随后的辩论过程中，双方应当按照确定的辩论焦点进行辩论。如果代理人认为管理专利工作的部门承办人员归纳的焦点问题不全面，可以及时向承办人员提出。

在口头审理中，被请求人大多数都会抗辩自己不侵权。抗辩理由可以是针对证据真实性、合法性、关联性、涉嫌侵权产品的合法来源、涉嫌侵权产品不落入专利保护范围，或者涉嫌产品实施的技术或设计属于现有技术或现有设计。

面对上述抗辩意见，请求人的代理人需要从涉嫌侵权产品证据收集的过程来证明证据的真实性、合法性，以涉嫌侵权产品的技术特征与涉案专利保护范围的比对证明涉嫌侵权产品落入涉案专利保护范围，以涉嫌侵权产品的技术特征与现有技术中的技术特征或现有设计的比对反驳被请求人的现有技术抗辩。

如果被请求人已经向国家知识产权局专利复审委员会提出专利无效宣告请求，请求人的代理人应当仔细阅读被请求人提交或专利复审委员会转来的专利无效宣告请求书及所附的对比文件，分析专利无效的理由和证据。如果代理人认为无效理由不充分，应当向管理专利工作的部门具体指出无效理由和证据的不足，并提出不中止处理。

（7）陈述。

在辩论程序结束后，双方有陈述的机会。管理专利工作的部门的承办人员也会询

·159·

问双方是否愿意调解。如果请求人与被请求人均明确表示愿意调解或和解，代理人可以参与请求人与被请求人之间的协商，在维护请求人利益的基础上争取达成调解或和解协议。调解或和解协议的具体内容和条件需要得到双方的明确认可。

2.2.4 处理决定书及其后续处理

除了双方达成调解协议或者请求人撤回请求之外，管理专利工作的部门处理专利侵权纠纷案件应当制作处理决定书。处理决定认定被请求人侵权行为成立并需要责令侵权人立即停止侵权行为的，应当明确写明责令被请求人立即停止的侵权行为的类型、对象和范围；认定侵权行为不成立的，应当驳回请求人的请求。

由于管理专利工作的部门作出的处理决定书是行政决定，当事人不服的，可以自收到处理决定书之日起 15 日内按照《行政诉讼法》向人民法院起诉。被请求人向人民法院提起行政诉讼的，在诉讼期间不停止决定的执行。

如果被请求人/侵权人在收到处理决定书之日起 15 日期满后既不对处理决定书提起行政诉讼，又不停止侵权行为的，管理专利工作的部门可以申请人民法院强制执行。该申请需经过人民法院的审查后由人民法院强制执行。委托人可以请求管理专利工作的部门向人民法院申请强制执行，必要时提供相应线索。

2.3 被请求人方代理

2.3.1 前期准备

在接受委托人委托之前，需要委托人介绍请求人方的基本背景情况。代理人必须核查本人、本代理机构的现有委托人情况，避免产生利益冲突。

在确认没有利益冲突后，可以与委托人签订委托合同，并请委托人出具委托书，在委托书上签字或盖公章，委托书上应写明代理人的委托权限和委托时间。

在委托人详细介绍有关案件，特别是涉嫌侵权产品情况，应当立即着手进行案件分析。

（1）专利稳定性分析。

对请求人涉案专利的基本情况进行了解，包括专利权人的变化、年费的缴纳、请求人是否具有提起行政处理的授权、涉案专利是否曾被他人提出过专利无效宣告请求及其结果；如果委托人同意，可以考虑进行文献检索，考虑是否可能提出专利无效宣告请求。

（2）专利保护范围分析。

根据委托人提供的产品信息和管理专利工作的部门送达的请求方的请求书和证据材料，就涉嫌侵权产品与专利权利要求书中的技术特征或外观设计图片中产品外观进行初步比对，分析其是否落入专利保护范围。

（3）应对策略制定。

委托人来寻找代理人的帮助时，大多是已经收到管理专利工作的部门送达的请求方的请求书和证据材料，此时代理人应当和委托人进行充分沟通，考虑应对策略，包括如何准备抗辩、是否提出专利无效宣告请求、是否可能与请求人达成和解等。

2.3.2 被请求人应对

（1）意见陈述书。

根据对请求人涉案专利情况的了解，以及涉嫌侵权产品与专利权利要求书中的技术特征或外观设计图片中产品外观比对结果，可以准备意见陈述书，向管理专利工作的部门表达被请求人的意见，提出涉嫌产品不侵犯请求人涉案专利的抗辩，或者结合证据，阐明被请求人的涉嫌产品使用的是现有技术，或者被请求人享有先用权，或者涉嫌产品是由专利权人或其许可的单位、个人出售给被请求人，或者被请求人的涉嫌产品具有合法来源并提供了合法来源的证据。

（2）提交反驳证据。

被请求人的代理人应结合意见陈述书，提交相关证据原件，反驳请求人的意见，证明涉嫌产品不侵犯请求人涉案专利的抗辩，阐明涉嫌产品使用的是现有技术，或者享有先用权，或者是由专利权人或其许可的单位、个人出售给被请求人，或者涉嫌产品具有合法来源并提供合法来源的证据。在提交证据时，证据的形式应尽量为原件或者经过公证，以保证证据的真实性。

（3）专利无效宣告请求。

根据文献检索的结果，考虑是否能够对请求人的涉案专利提出专利无效宣告请求。如果委托人同意，并另外与代理人签订委托书并办理委托手续，可以尽快准备向国家知识产权局专利复审委员会提出专利无效宣告请求。

（4）请求管理专利工作的部门中止处理。

在向国家知识产权局专利复审委员会提出专利无效宣告请求，获得国家知识产权局专利复审委员会出具的受理通知书后，可以向管理专利工作的部门提出请求，请求中止处理，等待专利无效宣告请求的决定。

2.3.3 口头审理

（1）准备。

管理专利工作的部门决定进行口头审理的，应当至少在口头审理3个工作日前通知口头审理的时间、地点。如果被请求人无正当理由拒不参加的，或者未经允许中途退出的，管理专利工作的部门会按缺席处理。代理人应当及时与委托人沟通，确定时间、地点和参加口头审理的人员，需要携带的文件原件、证据原件以及相应的技术比对分析所需的物品。

（2）申请回避、质证、调查。

管理专利工作的部门应指派3名或者3名以上单数人员参加口头审理，被请求人方可以对上述承办人员提出回避申请，但应当说明理由。

对于请求人提交专利权利证据、专利侵权证据的原件，被请求人的代理人可以对上述证据的真实性、合法性、关联性发表质证意见。对于专利权著录项目变更情况、年费缴纳情况、请求人是否有授权等情况要仔细核查，对于侵权证据的取证程序、内容也要仔细核查。

（3）证人证言。

如果需要有证人在口头审理出面作证，需要事先书面告知管理专利工作的部门的承办人员。证人需要携带身份证或其他身份证明文件。

（4）辩论。

在口头审理中，在双方质证后，管理专利工作的部门的承办人员会确定本次辩论的焦点问题，在随后的辩论过程中，双方应当按照确定的辩论焦点进行辩论。

辩论的焦点往往是涉嫌产品的技术特征是否落入专利权利要求保护范围，代理人应结合请求人提出的产品证据与请求人的涉案专利进行比对，寻找产品技术特征与涉案专利权利要求上的不同之处，抗辩被请求人不侵权。如果被请求人的涉嫌产品使用的是现有技术，或者被请求人的涉嫌产品具有先用权，或者涉嫌产品是由专利权人或其许可的单位、个人出售给被请求人，或者被请求人的涉嫌产品具有合法来源，代理人应当结合被请求人提供的证据进行抗辩。

（5）陈述。

在辩论程序结束后，双方有陈述的机会。管理专利工作的部门的承办人员也会询问双方是否愿意调解。如果请求人愿意调解或和解，被请求人可以考虑是否与请求人进行协商，争取达成调解或和解协议。

2.3.4 处理决定书及其后续处理

除双方达成调解协议或者请求人撤回请求之外，管理专利工作的部门处理专利侵权纠纷会制作处理决定书。处理决定认定侵权行为成立并需要责令侵权人立即停止侵权行为的，应当明确写明责令被请求人立即停止的侵权行为的类型、对象和范围；认定侵权行为不成立的，应当驳回请求人的请求。

处理决定书是行政决定，当事人不服的，可以自收到处理决定书之日起15日内按照《行政诉讼法》向人民法院起诉。但是，被请求人向人民法院提起行政诉讼的，在诉讼期间不停止决定的执行。代理人应当与委托人充分沟通、仔细研究处理决定书的内容，包括管理专利工作的部门在行政处理中的程序安排和实体认定是否符合法律、法规的相关规定，结合委托人实际情况考虑是否向法院提起行政诉讼。

如果侵权人/被申请人期满既不起诉又不停止侵权行为的，管理专利工作的部门可以申请人民法院强制执行。该申请需经过人民法院的审查后由人民法院强制执行。人民法院受理该强制执行申请后，会通知侵权人/被申请人，被申请人还可以书面向法院提出书面执行异议，法院会进行审查后作出裁定。

3 海关知识产权保护处理实务

3.1 海关知识产权保护处理实务简介

在海关知识产权保护中，无论是权利人请求海关扣留侵权嫌疑货物的过程，还是海关依职权监管发现侵权嫌疑货物进行扣留的程序，在时间、文件、费用、程序上都有特定的要求。海关扣留侵权嫌疑货物后，专利权人还可以启动专利侵权民事诉讼，利用海关扣留侵权嫌疑货物作为证据，追究收发货人甚至实际生产厂商的民事侵权责任，这时在行政处理程序和民事诉讼程序转换上还会有一些特殊的要求。代理人需要掌握相关的内容，才能更好地为委托人服务，维护委托人的权利和利益。

3.2 管理部门和处理依据

根据《知识产权海关保护条例》和《中华人民共和国海关关于〈中华人民共和国知识产权海关保护条例〉的实施办法》，知识产权海关备案的主管机关是海关总署，扣留侵权嫌疑货物的主管部门是货物进出境地的海关。海关对于侵权嫌疑货物的处理依据也是《知识产权海关保护条例》和《中华人民共和国海关关于〈中华人民共和国知识产权海关保护条例〉的实施办法》中的相关规定。

3.3 专利权人方代理

3.3.1 代理专利权人申请海关扣留侵权嫌疑货物

（1）前期准备。

在接受委托人委托之前，需要专利权人方委托人介绍对方/涉嫌侵权方的基本背景情况。代理人必须核查本人、本代理机构的现有委托人情况，避免产生利益冲突。

在确认没有利益冲突后，可以与委托人签订委托合同，并请委托人出具委托书，在委托书上签字或盖公章，委托书上应写明代理人的委托权限和委托时间。如果是国外委托人，经签字或签章的委托书原件、个人身份证明复印件、公司登记文件复印件可以考虑在国外办理公证认证手续。

对委托人涉案专利的基本情况进行了解，包括专利权人的变化、年费的缴纳、专利实施许可中被许可人的情况、是否曾被他人提出过专利无效宣告请求程序及其结果等。一般应事先取得国务院专利行政部门在 6 个月内对于涉案专利出具的专利登记簿副本。涉案专利是实用新型专利或者外观设计专利的，还应当查看由国务院专利行政部门作出的专利权评价报告。

（2）准备申请书。

专利权人请求货物进出境地海关扣留侵权嫌疑货物的，应当提交申请书及相关证明文件。

申请书的内容应包括：专利权人的名称或者姓名、注册地或者国籍等；专利权的名称、专利号及其相关信息；侵权嫌疑货物收货人和发货人的名称；侵权嫌疑货物名称、规格等；侵权嫌疑货物进出境的口岸、时间、运输工具等。侵权嫌疑货物涉嫌侵犯备案知识产权的，申请书还应当包括海关备案号。

申请书随附的文件包括：专利权人个人身份证件或工商营业执照的复印件，其他注册登记文件的复印件等，有关文件为外文的，应当另附中文译本。专利授权自公告之日起超过1年的，还应当提交国务院专利行政部门在申请人提出申请前6个月内出具的专利登记簿副本；专利权是实用新型专利或者外观设计专利的，还应当提交由国务院专利行政部门作出的专利权评价报告。

专利权人提交的证据，应当能够证明请求海关扣留的货物在海关所在地即将进口或出口，在该货物上未经专利权人许可实施了其专利。

（3）提供担保事宜、查验货物。

专利权人请求海关扣留侵权嫌疑货物的，应当在海关规定的期限内向海关提供相当于货物价值的担保。担保是指担保金、银行或非银行金融机构出具的保函，一般以向海关通知的海关账号提供担保金的情况居多。

在海关扣留侵权嫌疑货物后，经海关同意，专利权人的代理人可以查看海关扣留的货物。在查看过程中，经过海关同意，代理人可以对海关扣留的货物进行摄像、摄影，这对代理人对扣留产品技术方案或外观与涉案专利权利要求或外观进行分析、比对会有很大的帮助。代理人应该事先充分了解涉案专利权利要求中的技术特征或外观，充分利用查验扣留货物的时机，寻找相应的技术要点，进行摄像、摄影，进而参考判断扣留的嫌疑货物上的技术方案是否落入涉案专利保护范围。

3.3.2 代理专利权人处理海关依职权查扣侵权嫌疑货物

海关对进出口货物实施监管，货物进出境地的海关认为货物涉嫌侵犯专利权人在海关总署备案的专利权的，应当中止放行货物并书面通知专利权人。

（1）前期准备：利益冲突核查、办理委托手续。

在接受专利权人委托人委托之前，需要委托人介绍对方/涉嫌侵权方的基本背景情况。代理人必须核查本人、本代理机构的现有委托人情况，避免产生利益冲突。

在确认没有利益冲突后，可以与委托人签订委托合同。如果代理人已经代理委托人在海关总署进行知识产权海关备案，在备案时已经提交过委托书，代理人信息也会在海关总署知识产权海关备案系统中有记录，则代理人在处理与备案专利权有关的事宜时无需提供委托书。如果代理人不是涉案专利在知识产权海关备案中的代理人，需要请委托人出具委托书，在委托书上签字或盖公章，委托书上应写明代理人的委托权限和委托时间。如果是国外委托人，经签字或签章的委托书原件、个人身份证明复印件、公司登记文件复印件可以考虑在国外办理公证认证手续。

（2）提供担保、查验货物。

由于海关是基于进出口货物涉嫌侵犯在海关总署备案的专利权而通知专利权人，依据《中华人民共和国海关关于〈中华人民共和国知识产权海关保护条例〉的实施办法》，专利权人应当在收到海关书面通知送达之日起 3 个工作日内给予书面答复，答复有关货物是否侵犯其在海关总署备案的专利权，并明确是否要求海关予以扣留该批货物。如果请求海关扣留侵权嫌疑货物的，应当在收到海关书面通知送达之日起 3 个工作日内依照《中华人民共和国海关关于〈中华人民共和国知识产权海关保护条例〉的实施办法》的有关规定，按照货物价值不足人民币 2 万元的，提供相当于货物价值的担保；货物价值在人民币 2~20 万的，提供相当于货物价值 50% 的担保；货物价值超过人民币 20 万的，提供人民币 10 万元的担保。

由于上述 3 个工作日的时间不能延长，代理人一定要向委托人通知并明确是否按照有关规定支付担保。否则，上述 3 个工作日的时间内没有收到担保，海关将对扣留货物予以放行。

经过海关同意，专利权人的代理人可以查看海关扣留的货物。在查看过程中，经过海关同意，代理人可以对海关扣留的货物进行摄像、摄影，这可以作为扣留货物产品技术方案或外观与涉案专利权利要求或外观进行分析、比对的基础。

在委托人决定请求海关扣留侵权嫌疑货物并及时提供担保以后，代理人可以与委托人及时沟通，讨论对侵权嫌疑货物的下一步处理，包括是否与侵权嫌疑货物的收发货人之间进行接触或协商。

3.3.3 侵权嫌疑货物扣留后的处理

（1）海关依专利权人申请扣留侵权嫌疑货物。

专利权人主动申请海关扣留侵权嫌疑货物后，应当积极向扣留货物海关所在地有管辖权的人民法院提出专利侵权诉讼。如果海关自扣留侵权嫌疑货物之日起 20 个工作日内没有收到人民法院协助扣押通知的，海关应放行该扣留的货物。因此，代理人在专利权人申请海关扣留侵权嫌疑货物后，应当积极准备专利侵权诉讼，在上述期限内请求人民法院把协助扣押通知发送到海关。

如果侵权嫌疑货物的收发货人认为其未侵犯涉案专利权，并提供货物等值的担保金，海关给予放行后，专利权人仍然可以在收到海关书面通知 30 个工作日内向海关提供法院受理该专利侵权诉讼的案件受理通知书的复印件，使得收发货人向海关提供的与货物等值的担保金不能退还。在法院审理后，如法院判决支持专利权人经济损失的主张，可以向法院申请执行该笔担保金。

因此，代理人在代理专利权人主动申请海关扣留侵权嫌疑货物后，应当抓紧时间，积极提起专利侵权诉讼，并在相应期限中向海关提交相应文件。

（2）海关依职权监管侵权嫌疑货物。

海关在进出口货物监管中认为货物涉嫌侵犯专利权人在海关总署备案的专利权，书面通知专利权人后，经专利权人申请扣留侵权嫌疑货物后，海关应当依法对侵权嫌疑货物以及其他有关情况进行调查。在调查中，货物收发货人和专利权人应当对海关调查予以配合，如实提供有关情况和证据。

如果专利权人与收发货人就海关扣留的侵权嫌疑货物达成协议，可以向海关提出书面申请并随附相关协议，要求海关解除扣留。海关除认为侵权嫌疑货物涉嫌构成犯罪外，可以终止调查。

海关发现进出口货物有侵犯备案专利权嫌疑并通知专利权人后，专利权人请求海关扣留侵权嫌疑货物的，海关应当自扣留之日起30个工作日内对被扣留的侵权嫌疑货物是否侵犯专利权进行调查、认定；不能认定的，应当在上述时间内书面通知专利权人和收发货人。

在海关不能认定货物是否侵犯有关专利权时，专利权人可以提出专利侵权诉讼，在起诉时申请法院采取责令停止侵权或财产保全的措施。在海关自扣留侵权嫌疑货物之日起50个工作日内，收到人民法院协助扣押通知的，海关会予以协助，继续扣留该货物。

在海关不能认定货物是否侵犯有关专利权时，收发货人通过向海关提供相当于货物价值的担保后，可以请求海关放行货物。海关给予放行后，专利权人仍然可以在收到海关书面通知30个工作日内向海关提供法院受理该专利侵权诉讼的案件受理通知书的复印件，将收发货人提供的与货物等值的担保继续留存在海关。如果法院判决支持专利权人经济损失的主张，可以向法院申请执行该担保。

由于专利侵权涉及对专利权利的技术比对，海关在这方面有时缺乏足够的经验，所以海关可能会无法认定货物是否侵犯有关专利权。代理人应事先积极准备，与委托人充分沟通后，向扣留货物海关所在的有管辖权的人民法院提出专利侵权诉讼，并在相应期限中向海关提交相应文件。

（3）准备专利侵权民事诉讼。

由于专利侵权判定中涉及许多技术内容，海关在专利侵权判定上有一定的困难。所以，无论是海关依专利权人申请进行的海关保护，还是海关依职权进行的海关保护，都往往会涉及进一步的专利侵权民事诉讼。

代理人在处理海关知识产权保护时应当事先就考虑到下一步的专利侵权民事诉讼。专利侵权民事诉讼不仅可以追究收发货人的侵权责任，还可以根据诉讼中收发货人的供述内容，追加实际生产者作为被告，进一步追究实际生产者的侵权责任。这对于保护专利权人的权利和利益会更具有意义。

在根据货物进出境地的海关所属的管辖确定诉讼法院后，代理人可以根据委托人委托及时准备侵权诉讼所需的委托书、营业执照复印件等文件，并以海关扣留货物为专利侵权初步证据准备民事起诉状，在起诉的同时书面请求人民法院责令停止侵权、进行财产保全或证据保全。

代理人应当充分把握机会，在规定时间内及时将海关扣押侵权嫌疑进出口货物的行政处理程序与人民法院的责令停止侵权、财产保全或证据保全程序衔接，为委托人争取最有利的结果。

3.4 被扣留货物方代理

在海关扣押侵权嫌疑进出口货物以后，收发货人或者货物生产商也会寻求代理人的帮助。

在接受委托人委托之前，需要委托人介绍对方/专利权人的基本背景情况。代理人必须核查本人、本代理机构的现有委托人情况，避免产生利益冲突。在确认没有利益冲突后，可以与委托人签订委托合同，并请委托人出具委托书，在委托书上签字或盖公章，委托书上应写明代理人的委托权限和委托时间。

在委托人介绍货物的实际情况后，代理人应当就扣留货物产品技术方案或外观与涉案专利权利要求或外观进行比对，分析扣留货物产品技术特征是否落入专利保护范围；分析扣留货物的商品来源，寻找实际生产商与专利权人或其专利实施许可的被许可方之间的关系；协助委托人与专利权人方进行联系、接触，争取双方能够就被海关扣留的侵权嫌疑货物达成协议，获得海关放行；与海关进行沟通，在海关不能认定货物是否侵犯有关专利权时，通知委托人及时向海关提供相当于货物价值的担保，并书面请求海关放行货物，使委托人有机会减少一些商业上的损失等。

如果时间上允许，能够获得相应的现有技术文件或文献检索结果，可以与委托人讨论是否向国家知识产权局专利复审委员会提出专利无效宣告请求。

由于海关在专利侵权判定上可能有一定的困难，专利权人在有关期限内向人民法院提出专利侵权民事诉讼的可能性较大，代理人应及时做好有关应诉、抗辩的准备和证据的收集准备工作。